难忘版权十二年

阎晓宏 著

知识产权出版社
全国百佳图书出版单位
—北京—

图书在版编目（CIP）数据

难忘版权十三年/阎晓宏著 . —北京:知识产权
出版社，2021.1
ISBN 978-7-5130-7039-3

Ⅰ. ①难… Ⅱ. ①阎… Ⅲ. ①版权—制度—中国—文
集 Ⅳ. ①D923. 414-53

中国版本图书馆 CIP 数据核字（2020）第 114768 号

责任编辑：薛迎春　　　　　　　　　责任校对：谷　洋
责任印制：刘译文　　　　　　　　　封面设计：黄慧君

难忘版权十三年

阎晓宏　著

出版发行：	知识产权出版社 有限责任公司	网　　址：	http://www.ipph.cn
社　　址：	北京市海淀区气象路 50 号院	邮　　编：	100081
责编电话：	010-82000860 转 8724	责编邮箱：	471451342@qq.com
发行电话：	010-82000860 转 8101/8102	发行传真：	010-82000893/82005070/82000270
印　　刷：	三河市国英印务有限公司	经　　销：	各大网上书店、新华书店及相关专业书店
开　　本：	710mm×1000mm 1/16	印　　张：	20
版　　次：	2021 年 1 月第 1 版	印　　次：	2021 年 1 月第 1 次印刷
字　　数：	200 千字	定　　价：	69.00 元
ISBN 978-7-5130-7039-3			

序

2001 年，我国加入世界贸易组织，签订了《与贸易有关的知识产权协定》，这以后的近二十年间，我国的知识产权，特别是著作权领域，发生了天翻地覆的变化。

在我国加入世界贸易组织之后的七、八年间，城市的街头巷尾、影院剧院门口、过街天桥下面，随处可见兜售盗版光盘、盗版书刊、盗版软件小贩的身影，其中不少是怀孕的或是抱孩子的妇女，这些人不是真正的盗版者，而是盗版者雇用的人。

当时的侵权盗版活动比较猖獗。甚至，在新闻出版署和国家版权局住宅小区的门口，也常有小贩摆摊儿，在地上铺一块布，上面摆满了各种各样的盗版光盘。这让我和我的同事很难堪。

随着互联网的兴起，光盘等音像制品的盗版基本绝迹，兜售盗版光盘的小贩们不见了踪影，软件和图书等盗版行为转移到了网上。

特别是移动互联网的出现，使侵权盗版转移到虚拟环境中，也出现了新的盗版形态。比如：软件的非法下载安装；游戏的"私服""外挂"；电影、电视剧、音乐的非法链接、上传、下载；盗版网盘、盗版 APP；服务器设在境外的盗版网站。行政部门版权执法的重点，也由查处物理环境中的侵权盗版，迅速转移到网络环境之中。

由国家版权局、公安部、工业和信息化部、国家网信办四部门联合开展的"剑网行动"，已经开展了十几年，重点查处恶意侵权盗版案件。伴随着作品创作数量增长，以及作品的大规模使用，版权的民事纠纷和诉讼，呈持续上升态势，这有其客观必然性。为适应这种新的形势，知识产权法庭，以及由党委政府主导的民事纠纷调解机制，应运而生。

进入新时代，在加强版权保护的同时，党中央高瞻远瞩，尊重知识、尊重创造蔚然成风。随着优秀版权资源的授权使用与传播，版权的文化价值和经济价值也凸显出来。数据显示，版权产业在经济和社会发展中的贡献，逐年增大。比如，推进软件正版化工作，极大地带动了软件产业的发展。根据工业和信息化部统计，2005 年全国软件产业产值 750 亿元人民币，到了 2017 年，全国软件产业产值就突破了 5 万亿元人民币。

可以判断，加入世贸组织之初，在侵权盗版泛滥的情况下，打击和治理侵权盗版，就是我国版权事业发展进程中的主要矛盾。进入新时代，我国版权从以保护为主的阶段，过渡到版权保护与创造、运用、管理并重的阶段。优秀的图书、影视、音乐、舞蹈、戏剧、游戏作品创作井喷式增长，传播更为广泛。不仅是创作，版权作品的资产管理，版权作品的价值评估，版权研究机构，版权贸易机构，版权基地等如雨后春笋般纷纷涌现。

在未来，与版权保护与运用的重要性相比较，版权创造、运用、管理的权重将会更大。

这本小书，收入了 2004 年至 2020 年近 17 年间，我在版权论坛、版权讲座等活动中的发言，以及在报刊和新媒体上发表的部分文章，凡 32 篇，并按照时间顺序排列。

此次结集出版，只对文章的标题做了适当删改；对过于冗长的内容，做了删节；文中内容，除文字错谬与不规范处，一字未改。以便读者能客观了解与评价这 17 年中，在不同的阶段和不同的时间节点，笔者的一些思考和观点。

在这本书付梓之际，全国人大常委会审议通过了《著作权法》第三次修订稿，回顾过往，展望未来，心潮澎湃。

我确信，未来尊重版权的观念，在全社会将更加深入人心，版权的文化价值与经济价值，将更加展现其独特的魅力。

阎晓宏

2020 年 11 月 17 日晨

目　录

序／1

版权与文化的内在联系／1

网络版权也不能游离于法律之外／10

公众的版权认识水平是衡量社会版权保护水平的

　　重要标志／17

中国的版权保护现状与发展态势／27

充分发挥版权制度在建设创新型国家中的重要作用／40

版权：满足文化需求，也带来社会财富／50

推进版权体系建设　发展文化创意产业／56

版权保护与软件产业发展／63

郑成思：我国知识产权界的一面旗帜／70

当前版权保护的几个问题／76

不能用自然主义的眼光对待版权保护／93

网络媒体发展与网络版权保护／99

提高公众认识和加强执法是版权工作的两个重点／118

从北京奥运会新媒体的版权保护谈中国版权保护的

　　几个问题／123

开创版权贸易新格局 / 130

我们有能力解决网络环境下的版权问题 / 144

中国版权制度的实施与展望 / 150

21 世纪是版权的时代 / 162

积极开展著作权资产评估工作　促进文化创意产业

　科学发展 / 167

加强对遗传资源、传统知识和民间文艺的研究和保护 / 172

第三次修订《著作权法》的几个问题 / 177

数字环境下的版权集体管理 / 187

关于出版、数字出版和版权的几个问题 / 194

充分发挥版权在文化产业发展中的重要作用 / 207

我们要给后代留下什么?

　　——书画造假的追问 / 212

中国版权事业的里程碑

　　——《视听表演北京条约》出台始末 / 219

关于版权经济价值的三个认识 / 235

大数据时代的版权与文化 / 255

强化版权保护　建立网络版权新秩序 / 263

难忘版权十三年 / 268

知识产权怎样走得更远 / 286

新时代版权的新视野与新规则 / 290

关于作品的界定及相关的问题 / 299

跋 / 309

版权与文化的内在联系

（2006 年 4 月 26 日）

　　文化与每个人息息相关，对文化的需要是我们生命的一部分，而不是外在的、游离于社会生活之外的东西。版权也是与每个人息息相关的，没有一个社会人能够脱离版权。你可能不是一个作品的创作者，也可能不是一个作品的传播者，但你一定会是版权保护的受益者。正如文化与我们紧密相关一样，版权也与我们紧密相关。在现代社会，文化深刻地渗透在社会生活中，是我们生存的要件，而版权则是满足这个要件的基础。版权制度通过给予作者适当的权利，允许他们让渡适当的权利，甚至通过制定规则对作者权利进行合理的限制，以此来促进作品更有序更广泛地传播。而作品的广泛传播又将使公众更多地享有获得知识和文化的权利。版权制度的价值取向与先进文化的本质要求是一致的。版权制度的这种价值取向为文化的创新起到了积极的推动作用。创新是文化发展的根本、关键和灵魂，版权保护是创新的有力保障。

一

版权制度从它诞生那一刻起，便与文化的发展如影随形。印刷术的发明，使图书等文化产品的生产摆脱了手工制作的羁绊，印制图书并传播成为有利可图的事情。为保障作品创作者和传播者的利益，也为了实现作品在一定规范内广泛传播，而不被人随意盗版，现代版权制度应运而生。1709年，英国议会通过了世界上第一部版权法——《安娜法》，其全称是《为鼓励知识创作而授予作者及购买者就其已印刷成册的图书在一定时期内之权利的法》。这部法律的出台正是为了适应当时文化创新与实践的需要。从版权制度的产生来看，这既体现了技术进步和社会发展的要求，客观上也有力地推动了文化的广泛传播和发展。正是由于版权与文学艺术之间存在着这种天然的紧密关系，通常我们称版权为"文学产权"，而将与工业联系更为紧密的专利权、商标权称为"工业产权"。

版权保护的范畴涵盖了文化领域的各个方面。版权被冠以"文学产权"，但这并不代表版权的保护范围仅限于文学领域。事实上，按照《保护文学和艺术作品伯尔尼公约》第2条第1款的规定，版权保护的"文学艺术作品"包括"文学、科学和艺术领域内的一切成果，不论其表现形式或方式如何"。诸如各类出版物、影视戏剧、音乐舞蹈、美术摄影、建筑外观设计、实用工艺品，甚至计算机软件，几乎人类创造的所有科学、文学、艺术的智力成果都是版权保护的客体。这个定义经受了上百年的历史检验。在社会发展进程中，版权保护涵盖的对象不断扩大，最先是纸介质的各类出版物、印刷品，之后随着技术的发展，拓宽到影视、音像、电子出版领域，现在软件和互联网环境下创作和传播的海量作品又进入版权保护的范畴。我们可以看出，虽然版权保护的外延在扩展，但它并未超出《伯尔尼公约》在1886年诞生时界定的范围，即版权的本质没有改变。虽然各种智力成果的表达方式、物质载体和介质不同，但本质上都是人类在文学、艺术和科学领域智力创新的成果。

版权的主体是科学、文学和艺术作品的创造者与传播者，版权的客体是我们前面描述过的各类作品（包括文字、音乐、戏剧、曲艺、舞蹈、杂技、美术、建筑、摄影、电影、电视作品等），这些构成了文化的根本。如果脱离了文化产品的创造者和传播者，脱离了丰富多彩的文化产品，文化就只剩下一个空壳。

文化与每个人息息相关，对文化的需要就是我们生命的一部分，而不是外在的、游离于社会生活之外的东西。这一点已经为社会所普遍认可。但是，说版权也与每个人息息相关，人们可能还没有达成共识。事实上，没有一个社会人能够脱离版权。你可能不是一个作品的创作者，也可能不是一个作品的传播者，但你一定会是版权保护的受益者。正如文化与我们紧密相关一样，版权也与我们紧密相关。在现代社会，文化深刻地渗透在社会生活中，是我们生存的要件，而版权则是满足这个要件的基础。

二

远在版权制度产生之前，文化就已经形成并不断地发展、创新和传承。版权制度只有一百多年的历史，而人类文明的进程已有几千年。版权保护如何推进文化发展？

第一，版权制度的激励功能为文化的持续健康发展提供了动力。文化强调个体的灵感和创造力。作品是作者生命的体验，是激情创造和智力的结晶。作者是文化生活的创造者，是文学艺术的源泉。而现代版权保护制度的实质正是一种对人类智力创造活动从产权角度进行激励的制度，它以激励创新、保护创造性智力成果为基本出发点，以维护作者的权益为基本目标。其实质是通过保护权利人权益，激励作品的创作与传播，使公众最大限度地受益。在作者、传播者和公众这三者关系和利益平衡之中，版权制度首要的是保护创作者的利益，因为作者的创作行为是一种需要投入大量时间和精力的脑力劳动。对创作者而言，创作作品既是一种高尚的精神活动，也是其赖以谋生的手段。智力成果的使用应当遵循一定的市场交换原则和规则，使创作者能够得到回报，再进行新的创作活动。从理论上看，保护了创作，就是保护了作品传播赖以存在的基础。因此，这种保护充分体现了对智力创作的尊重和肯定，从而激励创作者创作出更多更优秀的文学艺术作品，而丰富和不断创新的智力作品也为人类文化发展做出了重要贡献。

第二，版权制度的规范功能为文化的自我表达与传播提供了更广泛的途径。作品应当以适当方式被表达和传播。为了使大众更广泛地享受文化，版权制度通过给予作者适当的权利，允许他们让渡适当的权利，甚至通过制定规则对作者权利进行合理的限制，以此来促进作品更有序更广泛地传播。而作品的广泛传播又将使公众更多地享有获得文化的权利，与此同时，也将极大地促进作品的商品化和产业化，从而使文化的传播更加广泛和社会化。从《安娜法》颁布到现在近三百年的历史证明，版权制度的产生不仅没有限制创新和发展，恰恰相反，它极大地激励了创新者的创作热情和创作激情，推动了人类创新成果的不断涌现，并在规范有序发展中为文化传播提供了更广泛的途径。而这些创新成果的广泛表达、传播和使用，不仅使整个社会公众获得了更多的精神文化享受，也推进了产业的发展和社会进步。

第三，版权制度的价值取向与先进文化的本质要求是一致的。版权制度诞生以来的实践证明，版权与创新紧密相连，创新产生了对版权保护的社会需求，创新也促进了版权制度本身的不断完善；日趋完备的版权保护制度又推动创新向更高层次发展，成为创新的动力和保护机制。如果人类没有了智力创新活动，版权保护就失去了存在的必要。而版权制度的价值取向对文化的创新起到了积极的推动作用。创新是文化发展的根本、关键和灵魂，版权保护是创新的有力保障。中国的著作权制度，鼓励内容健康向上的作品的传播，不保护法律禁止出版、传播的作品。这种价值取向也是与先进文化的要求相符合的。

第四，版权自身的经济特性和版权制度的保障功能为文化生产提供了良好的基础和发展环境。不仅现代版权保护制度为先进生产力的发展提供法律保障，而且版权作为"智力成果权"，本身就是先进生产力的重要组成部分。当今世界，文化生产作为一种大规模的社会生产，早已具有生产、流通、交换、消费四个基本环节，具有市场条件下经济运作的全部特征，而不仅是代表某个艺术家的内在精神的心理活动。文化不仅具有意识形态属性，也具有产业属性。作为一种内容经济，版权制度的有力保障对文化生产活动就显得尤为必要。这种以智力成果为资源，以知识创新为动力，建立并依赖受版权保护作品的创作、生产、传播、使用和消费之上的产业形态，越来越受到国际社会和各方面的关注，其产业规模不断壮大，产业模式正在革新，文化产品日益丰富。

在发达国家，版权相关产业在国民经济中的贡献率越来越高。据美国国际知识产权联盟统计，美国 2002 年版权相关产业的产值总计 1.2 万亿美元，占 GDP 的 12%，创造就业机会 1147 万个，占全国就业人口的 8.41%；在欧洲，版权相关产业的产值一般占到 GDP 的 5%—8%。我国目前（截至 2006 年 4 月）还没有专门的版权相关产业的统计数据，但从以下一些统计数据可见一斑。据不完全统计，2004 年，新闻出版业增加值 1939 亿元（占整个国民经济生产总值的 1.7%），演出行业主营业收入超过 200 亿元，计算机软件销售与服务业收入为 2405 亿元，全国广告收入为 1264 亿元，电影主业收入为 36 亿元。版权相关产业所创造的经济价值在国内生产总值构成中所占的比重正在不断增加，与社会经济的其他领域形成了十分紧密的产业链，成为社会生产力中的重要组成部分。现在国际上不仅有版权产业这样的提法，而且利用一定的统计方法来定量地描述它在国民经济中的贡献率。对此，我们应予以高度重视。

三

由于中国建立现代版权保护制度的历史很短，公众的版权法律意识还比较薄弱，国内企业熟练地运用版权法律制度维护自己权益和避免侵犯他人权益的意识和能力还不强，加之盗版具有的高额非法利润和一些地区存在的地方保护主义，客观而言，侵权盗版在某些地区、某些领域还十分严重，我们需要做的工作还很多，很多工作不是做得多了、做得过了，而是做得还很不够。比如在图书、音像、电子出版物和软件领域存在的严重盗版行为，不仅损害了我国的国际形象，更严重的是损害了我们民族产业自身的利益，制约了我国出版业和软件产业的发展，危害民族的创新精神。因此，必须有效打击，严厉打击，为先进文化的发展创造一个更为公平和有序的环境。

当前，我们处在知识产权保护的最好时期。党中央、国务院从国家发展战略层面考虑，高度重视知识产权工作。中央就加强知识产权保护、建设创新型国家做出了一系列重要工作部署：中央批准成立由吴仪副总理任组长、12个部门组成的国家保护知识产权工作组和23个部门组成的国家知识产权战略制定工作领导小组；全国科技大会把"加大知识产权保护力度，健全知识产权保护体系，优化创新环境"作为重要内容。

先进文化是人类文明进步的结晶，是推动人类社会前进的精神动力和智力支持，是社会文明的基础和人类进步的阶梯。有效的版权保护是先进文化发展必不可少的保障和基础，通过我们坚定不移地加强版权保护，进一步提高版权保护水平，一定会更大程度地激发创作者的创作热情，不断产生更多更好的优秀作品，从而一定会更广泛地促进智力成果的传播，最大限度地满足公众的文化需求，促进先进文化的不断发展，实现版权保护与文化发展的良性互动。

（本文为作者在中国保护知识产权高层论坛上的演讲，有删节）

网络版权也不能游离于法律之外

（2006 年 5 月 25 日）

许多人用不同的态度和眼光来看待真实的社会生活和虚拟的网络环境中的同一个问题，即版权保护问题。由于对法律和网络问题缺乏了解和认识，人们似乎对网络环境下的侵权盗版格外宽容。事实上，法律在有形和虚拟的环境中并无两样，网络环境下的版权保护是现有著作权法律法规在网络环境下自然的、必然的延伸。互联网并非游离于社会生活之外，它也是现实生活的一部分。经验和理性告诉我们，必须在产业发展之初对盗版行为进行严厉打击，对市场秩序进行有序规范，使产业在发展初期就步入良性的发展轨道，决不能让侵权盗版形成气候再去治理。中国的互联网产业未来向何处去，很大程度上取决于我们现在如何去管理、规范和发展。

近年来，中国的互联网产业发展很快。据统计，截至 2005 年年底，我国互联网用户已达 1.11 亿人，位居世界第二位；网站数量达到69.4万个；2005年全国上网费用总规模已经超过1000亿元，显示出巨大的市场规模和发展潜力。随着电子商务、电子政务和企业信息化的快速推进，互联网以惊人的速度渗透到政府、企业和家庭，广泛而深刻地影响着人们的工作、学习和生活方式，成为人们获取信息、交流思想、学习娱乐的重要渠道，成为开展电子政务和发展电子商务的重要平台，成为社会影响力大、发展前景广阔的新型媒体，在国家经济和社会发展中发挥着越来越重要的作用。

与此同时，互联网环境下的版权问题也凸显出来。互联网所具有的无国界、信息海量、传输迅速、复制容易、技术性和隐蔽性强等特点，使人们在快捷方便获取信息的同时，也给著作权保护带来了诸多问题。相当一部分网站未经授权大量非法复制、上载和传播他人文字作品或音像制品，网上侵权现象严重。在这一背景下，实施有效的网络版权保护制度来遏制网络侵权盗版、规范网络运行和传播秩序就显得尤为紧迫和必要。

但是，人们对这个问题的认识并非一致。许多人用不同的态度和眼光来看待真实的社会生活和虚拟的网络环境中的同一个问题，即版权保护问题。由于对法律和网络问题缺乏了解和认识，人们似乎对网络环境下的侵权盗版格外宽容。事实上，法律在有形和虚拟的环境中并无两样，网络环境下的版权保护是现有著作权法律法规在网络环境下自然的、必然的延伸。互联网并非游离于社会生活之外，它也是现实生活的一部分。人们对这个问题的认识不同，还表现在以眼前的、功利的态度来看待网络环境下的版权保护问题，缺乏一种长远的和理性的态度。有些人认为现在在互联网上使用作品，下载电影、歌曲或其他资料很方便，也不用付费。一些网站迎合人们的这种心理，打着为公众服务的口号，大量上载、传播未经授权的作品。在权利人和网络内容提供者之间，人们似乎更同情后者。这是一个令人非常遗憾的现象，虽然不能简单地指责公众，但是也不能盲目地跟从。我们有责任也应当有勇气向公众说明这个问题。事实上，互联网上的侵权行为，不仅严重侵害了音像制品、电子出版物、软件等权利人的合法权益，仅就其破坏和扰乱网络传播秩序这一点来说，就足以对互联网产业的健康发展带来灾难性影响。"皮之不存，毛将焉附？"对互联网产业发展的制约、阻碍，必将影响和损害网络服务商的利益，包括网络接入商和内容提供商。况且，宽容网络侵权盗版行为，不仅仅会危害互联网产业的发展，对音像制品、电子出版物、图书、期刊等有形出版物产业的发展也将产生很大的危害。只有解决了认识问题，才能在互联网环境下进行真正意义上的版权保护。我也相信，只要我们能够向社会分析利弊，说清道理，多数人一定会做出正确的、理性的选择。

经验和理性告诉我们，必须在产业发展之初对盗版行为进行严厉打击，对市场秩序进行有序规范，使产业在发展初期就步入良性的发展轨道，决不能让侵权盗版形成气候再去治理。中国的互联网产业未来向何处去，很大程度上取决于我们现在如何去管理、规范和发展。只有不断加大网络版权保护力度，依法规范网络传播秩序，才能保证我国互联网产业的持续健康发展。没有秩序，就不可能有可持续发展；没有规范，就难以实现真正的繁荣。在发展中规范，在规范中发展，是我国互联网产业发展的必由之路。

令人欣慰的是，现在越来越多的人同意我们的观点，越来越多的互联网企业以积极的态度支持网络版权保护工作。这项工作也得到了中央政府的高度重视、直接领导和坚定的支持。

下面，我想谈一下对互联网实施版权保护的几个重要原则：

第一，网络环境下也要坚持"先授权、后传播"的原则。虽然网络有海量传播的特征，取得授权存在一定困难，但这些困难并非不能解决，更不能因为取得授权存在困难就放弃著作权法关于作品使用的最基本的原则。

第二，保护技术措施和权利管理电子信息。技术措施和权利管理电子信息是保护权利人权益，尤其是在网络环境下不受侵害的安全保障机制。故意避开或者破坏技术措施，向公众提供主要用于避开、破坏技术措施的装置，为他人避开或者破坏技术措施提供技术服务，或者故意删除、改变用于说明作品权利归属或者作品使用条件的权利管理电子信息，提供明知或者应知未经权利人许可被删除或者改变权利管理电子信息的作品，这些行为都属于违法行为。

第三，权利限制问题。著作权立法的根本目的在于调整作者、传播者和社会公众之间的利益关系。为此，各国著作权法都通过限制著作权和邻接权的方式达到平衡利益的目的。这种限制具体体现为合理使用和法定许可制度。在中国，我们把握的原则是在不低于相关国际公约最低要求的前提下，充分考虑公众利益和产业发展的需要。但是对权利的限制不能超出《伯尔尼公约》确定的三步检验法：（1）这种使用是个别的、特定的；（2）这种使用不影响作品的正常传播；（3）这种使用不得不合理地损害权利人的正当权益。

第四，网络服务提供商的免责（免除责任）问题。网络版权纠纷的一大特点是真正的侵权人往往不易找到，而网络服务提供商则通常成为被诉的主体。因此，应当借鉴国际上的做法，明确网络服务提供商（包括网络内容服务提供商、网络接入服务提供商）的免责条件。网络服务提供商只要主观上没有过错，就不承担责任。但是，在明知的情况下，而且权利人举证以后也无相反证明，在一定的时间不移除侵权内容，则应当承担相应的法律责任。

第五，充分发挥著作权集体管理组织在作品使用方面的作用。为了方便作品的使用，降低使用作品的交易成本，必须建立相关的著作权集体管理组织，并通过它们集中行使权利人委托的权利，以有利于作品的传播。建立集体管理组织，通过集体管理组织集中行使权利人的部分权利，这既是国际上通行的做法，也是在中国市场经济条件下推动版权相关产业发展必不可缺的"润滑剂"。在网络环境下，建立并发挥著作权集体管理组织的作用更是十分重要和紧迫。这是我们应当高度关注的一项重要工作。

第六，简要谈一下网络版权保护法律法规的执行问题。2006年5月10日，国务院第135次常务会议审议并原则通过了《信息网络传播权保护条例》，即将公布实施。《条例》公布后，有效实施是关键。由于网络所特有的技术性、复杂性和隐蔽性，在中国，网络环境下的版权保护工作能否取得实效，能否起到规范网络秩序、推进产业发展的作用，是我们面临的挑战和一个新课题。解决好这个问题，要高度重视并且要有一个好的法律制度。在此基础上，只要我们熟悉并善于运用网络版权的法律制度，并且有一支精通网络版权法律和技术的专门执法队伍，网络环境下的侵权盗版行为一定能够得到有效治理。2005年下半年，国家版权局开展了打击网络侵权盗版专项行动，在不到3个月的时间内共查办网络侵权盗版案件172件，依法关闭"三无"网站76家，没收服务器119台，给予行政处罚29家，涉嫌刑事犯罪移送司法机关案件 18 件，这在一定程度上说明，只要下决心去抓，网络环境下的版权执法工作是完全可以有效开展的。

随着互联网的快速发展，音像电子产品的传播、销售和消费将越来越多地通过数字和网络平台、渠道进行。但是，我们应该清醒地看到：无论有什么样的平台和渠道，技术都不能替代内容，传播也不能代替内容本身。真正支撑音像电子产业健康发展的原动力仍将是作者的激情创作，它包含了作者对生命的体验，对生活的感悟以及在此基础上的创新。但创新本身不会自动地推动经济增长，这种创新只有通过版权制度在智力成果的挖掘、制作和流通中，将无形的智力成果转化为有形的和可以使用的物品时，才会对产业发展做出贡献。从版权制度的产生和发展的实践来看，它不仅不会限制社会和公众对作品的使用，限制和阻碍产业的发展，恰恰相反，它既是保障智力成果不受侵犯的手段，又是促进产业发展的催化剂。这也是版权制度能够长期存在并且越来越受到人们重视的根本原因。在网络环境下也是如此。有效的网络版权保护制度必将有力地促进网络信息的有序、良性传播，必将保障并推进音像电子产业的健康有序发展。

（本文为作者在 2006 国际音像电子产业高峰论坛上的演讲，有删节）

公众的版权认识水平是衡量社会版权
保护水平的重要标志

（2006 年 9 月 5 日）

版权不仅是反映艺术家内在精神的创作成果的守护者，它作为"智力成果权"，本身就是先进生产力的重要组成部分。版权的载体不断变化，版权保护的领域不断拓宽，但版权的本质没有改变。虽然各种智力成果的表达方式、物质载体和介质不同，但本质上都是人类在文学、艺术和科学领域智力创新的成果。从《安娜法》到现在三百年的实践证明，版权制度不仅没有限制创新和发展，恰恰相反，它通过激励创新，推动了人类创新成果的不断涌现。国民的版权认识水准是衡量一个国家版权保护水平和版权发展水平的重要标志。很难想象，一个国家的版权保护水平很高，而公众的版权意识却很淡漠。

一

1709 年，英国议会通过了世界上第一部版权法——

《安娜法》，即《为鼓励知识创作而授予作者及购买者就其已印刷成册的图书在一定时期内之权利的法》。这是由于印刷术的发明，使图书印刷摆脱了手工制作的羁绊，印制图书并传播成为有利可图的事情。为保障作品创作者和传播者的利益，实现作品在一定规范内的传播，而不是被人随意盗印，近代版权制度应运而生。从版权制度三百年来的发展历程考察，技术进步与经济发展不断推动着版权制度的重构，版权的范围和作用也不断深化和拓展，主要表现在以下三个方面：

（1）版权的内涵和外延不断扩大。在版权产生初期，纸介质的各类出版物、印刷品是版权保护的主要对象。随着技术的进步和发展，版权保护的范围不断延伸，从图书、报刊，到电影、电视作品，从音乐、戏剧、舞蹈等艺术形式到计算机软件、建筑外观设计，现在又延伸到信息网络。版权已覆盖文学艺术、新闻出版、广播影视、文化娱乐、工艺美术、建筑外观、计算机软件、信息网络等各个领域。

（2）版权从作者的私人领域向社会公共领域不断拓展。版权自产生以来，始终是归属作者的一种私权利。在作者、传播者和公众的关系和利益平衡中，版权首要的是保护权利人的利益，使智力成果的使用遵循一定的交换规则，使创作者能够得到回报，再进行智力创新活动。如果这种权利得不到保障，从根本上说，必然扼杀创新。从整个社会发展看，这绝不仅是私人之间的事情。在保护作者权益的同时，版权制度也对权利进行适当的限制。合理使用、法定许可及权利期限等限制原则，为作品的广泛传播并实现其社会效益提供了保障。现在，没有一个人能够脱离版权。你可能不是一个作品的创作者，也可能不是一个作品的传播者，但你一定会是版权作品的受益者、使用者。版权与社会生活紧密相关。

（3）版权的文化属性与经济属性并存，版权在促进经济和社会发展方面的作用日益凸显。版权不仅是反映艺术家内在精神的创作成果的守护者，它作为"智力成果权"，本身就是先进生产力的重要组成部分。特别是随着知识经济和经济全球化的迅速发展，知识产权在经济发展中越来越成为最重要的生产要素和财富资源。今天，建立在作品的创造、生产、传播和消费之上，以版权保护为手段、以智力成果为资源的版权相关产业发展迅猛，不但形成了一定规模的产业群，还带动了传统产业的改造，产业规模不断壮大，产业模式不断革新，文化产品日益丰富，大大促进了生产力的快速发展和贸易的持续扩大，版权对经济增长的贡献越来越大，受到世界各国的关注和重视。

世界知识产权组织出版的《版权产业的经济贡献调研指南》一书，凝聚了各国关于版权产业的最新研究成果。它不是定性地描述版权的作用，而是通过统计和定量的分析来表现版权在经济增长中的贡献率。这本书的出版一定会推进和深化对问题的研究，也一定会对中国版权相关产业发展发挥积极的作用。《版权产业的经济贡献调研指南》的有关统计数据表明，在过去 24 年（1977—2001 年）中，美国经济中的核心版权产业增加值占 GDP 份额的增长速度是其他经济部门的两倍以上（7% 对 3%）；1994—1998 年，荷兰版权产业的增长率为 5.6%，与当时荷兰经济增长率 3.2% 相比，超出 75%；1988—1997 年，芬兰经济的年平均增长率为 4.05%，而同期核心版权产业附加值的年平均增长率为 8.3%。在中国，还未对版权相关产业的贡献率做出专门统计，但仅新闻出版、广播影视等文化产业和计算机软件产业 2005 年的增加值就超过 7600 亿元，占 GDP 的 4.2%。由此可见版权在促进经济和社会发展方面的重要作用。

版权的载体不断变化，版权保护的领域不断拓宽，但版权的本质没有改变。虽然各种智力成果的表达方式、物质载体和介质不同，但本质上都是人类在文学、艺术和科学领域智力创新的成果。版权保护制度就是通过法律手段，使权利人对其在科学文化领域内所创造的智力成果享有一定的权利，以鼓励智力作品的创作和传播，促进经济和社会的发展。

还需指出，从《安娜法》到现在近三百年的实践证明，版权制度不仅没有限制创新和发展，恰恰相反，它通过激励创新，推动了人类创新成果的不断涌现。而这些创新成果的不断涌现、传播和使用，不仅使社会公众获得了更多的精神文化享受，也推进了经济的发展和社会进步。因此，版权制度既是保障智力成果不受侵犯的有力手段，又是促进产业发展的催化剂。这是版权制度能够长期存在并且愈来愈受到人们重视的根本原因。

二

中国的版权相关产业当前正处在发展的关键时期。中国政府提出建设创新型国家的发展战略，中国二十多年改革开放和经济发展的积累，中国版权保护制度的逐步完善，都为版权相关产业的发展提供了良好的基础和条件。

中央指出，中国必须走创新型发展的道路，这是关系中国未来发展的重大战略决策。过去二十多年来，中国保持着每年9.4%的高增长，这是一个奇迹。但是这种粗放型、高消耗的增长模式不可能实现可持续的发展。

一是建设创新型国家，必然会给中国的版权相关产业发展带来巨大机遇：一方面，版权是智力成果的集中体现，在版权广泛运用的现代社会，鼓励创新、保护知识产权良好氛围的形成，必将为产业发展带来巨大的推动力；另一方面，创新成果的不断涌现，将为主要以智力成果为资源的版权相关产业提供丰富的资源，必将大大推进版权相关产业的快速发展。

二是与国际衔接的版权法律体系和适应中国实际的司法、行政双重保护体制，为版权相关产业发展提供了制度保障。中国已建立了符合市场经济要求和国际规则的比较完整的著作权法律制度；同时根据中国正处于转型期、又是发展中国家这一情况，建立起了具有鲜明特色的版权行政、司法保护并行的工作体系和行政处罚、刑事处罚相衔接的工作机制，这为产业发展提供了良好的制度保障。

三是持续快速发展的中国经济为版权相关产业发展提供了巨大的市场空间。改革开放以来，中国经济以平均每年9.4%的速度迅速增长。2005年全年，我国国内生产总值已达182321亿元，人均GDP已经超过1000美元，城乡恩格尔系数不断下降。城乡居民物质生活水平的提高和日益增长的精神文化需求，为版权相关产业发展提供了巨大的市场空间。

四是中国版权相关产业多年发展取得的经济积累，为产业的进一步发展奠定了良好基础。版权相关产业所创造的经济价值在国内生产总值中所占的比重正在不断增加，并与社会经济的其他领域形成了十分紧密的产业链，已成为社会生产力中的重要组成部分。

五是版权国际合作为产业发展提供了良好的外部环境。中国相继加入了《伯尔尼公约》《世界版权公约》和《唱片公约》，并成为世界贸易组织的成员，签署了《与贸易有关的知识产权协定》。在此基础上，中国与世界知识产权组织等国际组织和各国进行着广泛的文化、教育、科学交流与合作，民间版权贸易活动日趋频繁。今年，中国国务院还将就加入世界知识产权组织的两个互联网新条约提请全国人大审议，这必将进一步加强中国与各有关国家和国际组织的合作，也将为产业发展提供良好的外部环境。

三

中国建立版权保护制度的历史很短，公众的版权意识还比较薄弱，国内企业熟练运用版权法律制度维护自己权益及避免侵犯他人权益的意识和能力还不强，加之盗版具有的高额非法利润和一些地区的地方保护主义导致侵权盗版现象在某些地区、某些领域还十分严重。总的来看，中国的版权相关产业正处于发展与矛盾并存的关键时期。政府将进一步加大工作力度，着力提高保护水平，采取多种途径积极推进产业的良性发展。

（一）增强全民的版权意识

全民的版权认识水准是衡量一个国家版权保护水平和版权发展水平的重要标志。很难想象，一个国家的版权保护水平很高，而公众的版权意识却很淡漠。增强全民的版权意识是一个远比立法和执法更为重要和更为艰巨的任务。我们必须从现在开始，持续不断地、持久地在全社会开展国民版权教育，提升全社会版权保护水平。

（二）强化版权执法，依法严厉打击各种侵权行为

在版权作品的制作、传播和运用中，建立一个公平交易、公平竞争的市场环境，是鼓励创新、推进版权相关产业发展的基本条件。针对当前图书、音像制品、软件和网络侵权盗版现象仍很严重的现实，必须进一步加强版权执法，加大对侵犯著作权行为的行政查处、特别是刑事打击力度，从法律上保持对侵权盗版行为的强大压力，建立规范有序的市场经济秩序。只有如此，才能为产业的良性发展提供保障。

（三）制定版权发展战略，对产业发展提供必要的政策扶持

当前，中国政府正在制定国家知识产权战略，版权战略是其中一个很重要的部分。版权战略将为中国版权制度的完善以及相关产业的发展提供宏观指导。同时，还应有针对性地制定产业扶持政策，包括激励自主创新的税收、金融、财政、政府采购、技术和贸易等多方面措施，为产业发展提供良好政策环境。

（四）大力培育版权相关产业示范基地和示范企业

企业是市场经济的主体，是创新的主体，是知识产权创造、应用和保护的主体。在自主创新和版权保护问题上，政

府和企业的认识是一致的。国家版权局将从版权的创造、管理、保护、运用等各个方面采取措施，深入开展各项版权试点示范工作，加强对企业版权保护工作的分类指导，支持形成一批拥有自主知识产权和竞争力较强的优势版权示范企业。同时，企业也应不断提高保护版权的自觉性，逐步建立和完善知识产权内部管理制度，善于运用知识产权发展和保护自己。

（五）不断完善版权中介服务体系

随着市场经济和版权相关产业的不断发展，建立和完善版权中介服务体系势在必行。国家版权局将支持和鼓励从事版权信息服务、版权研究、版权交易业务的各类中介服务机构的发展，充分发挥其在智力成果的创作传播、反盗维权、集体管理以及在宣传培训、行业自律、社会服务等方面的积极作用。我们要特别注重两个问题：一是大力加强著作权集体管理机构建设。为了方便作品的使用，降低交易成本，建立相关的著作权集体管理组织，并通过它们集中行使权利人委托的权利，这既是国际上通行的做法，也是在中国市场经济条件下推动版权相关产业发展必不可缺的"润滑剂"。特别是在网络环境下，建立并发挥集体管理组织的作用更是十分重要和紧迫。二是加快完善作品的著作权登记制度。自1994年实施作品自愿登记制度以来，作品自愿登记对维护著作权人的合法权益、降低权利人交易成本、保障交易安全起到了重要的作用。国家版权局将进一步完善作品登记制度，强化登记工作的严肃性和统一性，积极推进登记机构、登记证书、登记公告、登记标准的统一，更好地为产业的健康发展提供优质服务。

在农业社会，最重要的资源是人和牲畜；在工业社会，最重要的资源是机器；到了信息和知识经济时代，最重要的资源无疑是知识和智力创新成果。创新型国家的建立，将极大地提升对版权保护的社会需求，也将有力推进中国版权制度的不断完善；有效的版权保护制度又将推动创新向更高层次发展，也必将对产业发展和社会进步做出重要的贡献。

（本文为作者在 2006 国际版权论坛上的演讲，有删节）

中国的版权保护现状与发展态势

（2007年1月）

中国政府仅用了十几年的时间，就初步构建了比较完备的以"一法四条例"为核心的版权保护法律体系。世界知识产权组织前总干事鲍格胥博士这样评价：中国在不到二十年的时间，走过了发达国家上百年的历程。我们也要清醒地看到，中国版权保护仍然面临着严峻的形势。侵权盗版现象还很严重，在图书、音像等传统领域的侵权盗版问题还没有完全得到解决的情况下，新技术条件下的侵权盗版问题又凸显出来，利用互联网进行的盗版活动、软件领域的侵权行为正呈现上升态势，打击侵权盗版的任务仍然很艰巨。利用数字技术实施侵权盗版比传统侵权行为影响范围更广、后果更为严重。版权产品具有投入大、复制容易的特点，也为保护带来复杂性和难度。

一、中国版权保护的现状

从世界上第一部版权法——英国的《为鼓励知识创作而

授予作者及购买者就其已印刷成册的图书在一定时期内之权利的法》（《安娜法》）1709 年颁布以来，西方的版权保护制度已经走过了近三百年的历程。而中国第一部版权法是 1910 年清政府颁布的《大清著作权律》，这比《安娜法》晚了近二百年。事实上，由于中国当时的工业化进程还没有开始，清王朝也很快结束，这部法律并没有真正实施过。加上中华民族在近代以来屡遭帝国主义列强入侵，外患丛生，内忧不断，社会动荡不安，版权保护立法尽管在民国时期依然得到延续，但版权保护是无从谈起的。

新中国成立以后，全国各主要出版社根据新华书店总管理处的有关规定，建立了自定的出版合同制和稿酬标准；我国起草了《保护出版物著作权暂行规定（草案）》，但因故未能公布实施。因此，中国著作权制度的建立实际上是以改革开放为起点的。1979 年 4 月，国家出版局向国务院递交了一份关于中国起草版权法并加入国际版权公约的报告，启动了新中国版权法的起草工作。

经过二十多年的发展，中国逐步建立起一套符合国情和国际规则的版权保护体系，法律制度不断完善，执法机制不断健全，服务体系不断加强，为文学、艺术和科学作品的创作与传播提供了法律支持和环境保障。这主要表现在以下几个方面：

（一）建立起一套具有中国特色，又与国际接轨的版权法律体系

1986年通过的《民法通则》，首次从国家基本法律层面确认了公民和法人对其创作的作品享有版权。1990年，《著作权法》颁布实施，结束了我国在版权保护方面长期没有专门法律的状况。之后，国务院相继颁布实施了《著作权法实施条例》《计算机软件保护条例》《著作权集体管理条例》和《信息网络传播权保护条例》，1997年修订的《刑法》也纳入了著作权犯罪的内容。至此，中国政府仅用了十几年的时间，就初步构建了比较完备的以"一法四条例"为核心的版权保护法律体系。

（二）司法保护与行政保护并行的版权司法、执法体制基本形成

在版权保护领域实行司法保护与行政保护并行的双轨制，是我国版权保护制度的显著特点和基本优势。中国是一个发展中国家，又是一个处于计划经济向市场经济转型期的国家，总体来看，市场经济的发育还不成熟。为适应这样的国情，确立司法保护与行政保护并行的司法、执法体制，既有利于发挥司法保护在版权保护中的基础性、主导性作用，也有利于发挥行政执法及时、快捷以及程序相对简单的特点。实践证明，司法保护和行政保护并行符合我国发展的现

状和版权保护的客观要求。

近年来，版权司法保护力度不断加大，成果显著。据统计，2001—2005 年，全国各级法院共受理各类一审版权案件15974 件，受理版权案件呈现快速增长的态势，特别是刑事案件所占比例增长很快。检察机关加大打击盗版力度，制裁版权犯罪行为取得积极成效，依法批捕起诉了一批侵犯版权的犯罪分子。最高人民检察院、最高人民法院结合版权司法的实践需要，先后出台了《关于办理侵犯知识产权刑事案件具体应用法律若干问题的解释》等司法解释，降低了版权刑事制裁的门槛，基本解决了著作权犯罪的定罪量刑标准问题。

在版权行政执法方面，据统计，1995—2005 年，全国各级版权行政管理部门共受理侵权案件 51667 起，结案 50426起，收缴盗版品累计达 4.65 亿件，先后在境内查获非法光盘生产线 232 条，有效遏制了侵权盗版活动的蔓延，保护了权利人的合法权益，有效维护了市场秩序。

（三）版权保护的社会服务体系初步建成

在市场经济条件下，版权保护服务体系对于维护权利人的权益、促进作品的传播和使用、推进版权相关产业的发展，都具有不可替代的重要作用。从 1988 年我国的第一家版权代理公司——中华版权代理总公司成立开始，经过十几年的发展，基本形成了由版权协会、著作权集体管理组织、版权认证和登记机构、版权代理公司、律师事务所等构成的版权社会服务体系。

目前，全国大多数省市陆续成立了版权协会，中国版协、中国文联、中国作协、中国电影家协会等作者团体以及网络、软件等相关产业的行业组织也相继成立了为其会员提供版权服务的专门机构，在组织协调版权相关行业，支持配合版权行政管理与执法，打击侵权盗版，宣传普及版权知识，开展专业培训等方面正在发挥积极作用。

中国版权集体管理组织从无到有逐步发展。1992年，中国成立了第一家著作权集体管理组织——由音乐词曲作者授权成立的中国音乐著作权协会；2005年3月1日，国务院颁布的《著作权集体管理条例》正式施行，大大推进了著作权集体管理组织建设的步伐。中国音像著作权集体管理协会已经成立，中国文字著作权协会、中国摄影著作权协会和中国电影著作权协会正在积极筹建之中。

版权代理制度也逐步发展完善，建立了一批有利于作品版权贸易、基本覆盖版权相关领域的版权代理机构。改革开放之初，对版权贸易代理机构实行的是审批制度；2000年，为了适应市场经济环境下有效促进各类版权作品交易的需要，中国按照世界通行的做法，将版权代理机构的审批制度改为登记制度。各类版权代理机构发展迅速，适应了版权相关产业发展的要求，促进了各类作品的传播和版权交易。

（四）社会公众的版权意识有了很大提高

改革开放之初，不仅社会公众不了解版权，学术界对版权的概念也很模糊，更没有把它和产权联系在一起。自1990年《著作权法》颁布实施以来，中国各级政府大力开展了多种形式的著作权法宣传教育和普法活动，取得了显著的成效。现在，不仅中国的版权学术研究处于国际先进水平，公众的版权认识也有了很大的提升。从不知道版权是什么，到了解版权也是一种智力劳动成果，需要得到尊重和保护，再到广大权利人已经树立起以法律为武器维护、争取自身权益的版权观念，这是一个历史性的进步。

对于中国的版权保护，世界知识产权组织前总干事鲍格胥博士这样评价：中国在不到二十年的时间，走过了发达国家上百年的历程。但在肯定成绩的同时，我们也要清醒地看到，我国的版权制度建设和管理水平都还处于初级发展阶段，版权保护的基本状况与构建和谐社会的要求、建立创新型国家的要求、推动版权产业发展的要求以及日趋激烈的国际知识产权竞争态势都还不很适应，我国版权保护工作仍然面临着严峻的形势。侵权盗版现象还很严重，在图书、音像等传统领域的侵权盗版问题还没有完全得到解决的情况下，新技术条件下的侵权盗版问题又凸显出来，利用互联网进行的盗版活动、软件领域的侵权行为正呈现上升态势，打击侵权盗版的任务仍然很艰巨。版权相关产业创造、保护、管理和利用版权的能力还不足，市场竞争力不强，国际影响力不大，发展受到严重制约。因此，从总体上看，我国目前版权保护既处于历史上最好的时期，同时也是压力最大、矛盾最突出的时期。

二、原因分析

第一，我国尚处于由计划经济向市场经济过渡的转型期，又是发展中国家，版权保护工作起步较晚。我们真正认识到建立创新型国家，以智力成果的创造、管理、使用和保护作为推进经济和社会发展的主要动力，也才是近几年的事情。而加强版权保护需要一个过程，我们正处于这个过程的起步阶段。正如2006年9月温家宝总理在出访欧洲前夕接受欧洲媒体采访时所说，"我们对知识产权的重视并把它作为一个战略问题来对待还是近些年的事情，这同中国的发展水平有关。在保护知识产权问题上，人们应该给中国更多的时间"。

第二，版权本身具有特殊性。随着技术的发展和创新，版权保护的领域大大拓展，版权保护不再局限于文化领域，也广泛运用到产业领域。版权覆盖的领域不仅是图书报刊、音像制品、广播影视、音乐表演，还延伸到计算机软件、信息网络、建筑外观设计等方面。版权保护的范围很大，老问题没解决，新技术发展带来的侵权盗版的新情况、新问题又产生了，利用数字技术实施侵权盗版比传统侵权行为影响范围更广、后果更为严重。同时，版权产品具有投入大、复制容易的特点，也给保护带来复杂性和难度，比如光盘、软件、网络盗版行为，都具有这方面的特点。

版权还有一个很显著的特点是作品创作完成的同时，版权就自然产生了。版权不保护思想，但作品无论用什么方式表达出来，版权就自然生成了。这与专利、商标需要经过审查、批准才产生权利不同。同时，版权也是在社会生活中使用最广泛、与人民群众息息相关的一种权利。每个人都可能是版权权利人，即使不是权利人，也一定是版权作品的使用者。在版权的创作、管理、使用和保护中，保护更为重要，保护的难度也最大。

第三，版权社会服务体系不完善，社会中介、集体管理组织尚不能有效发挥作用。版权保护不能光靠法院，也不能光靠政府。在市场经济条件下，权利人维权组织、受权利人委托的作品使用中介组织以及版权纠纷调解的仲裁机构，是版权保护不可缺少的重要组成部分。但现阶段，中国的版权社会服务体系还很不完善，现有的社会中介、集体管理组织也还不能有效发挥作用。

第四，版权保护的认识亟待提高。目前，我国的版权学术研究已处于国际先进水平，但社会整体的版权保护意识仍然不强。这主要表现在虽然权利人的维权意识比较强，但使用者（特别是经营性使用者）和社会公众的版权保护意识还不强。使用者和社会公众能初步认识到版权是一种智力成果权，但尚未形成良好的行为习惯，购买、使用盗版制品的现象普遍存在，"盗版无害论"依然大有市场。

三、中国版权保护的发展态势

（一）在建设创新型国家过程中，版权将发挥更大的作用

中央提出到 2020 年，中国要建成创新型国家。创新型国家的一个重要的标志，就是知识在经济和社会发展中的贡献率要达到 70%。要实现这个目标，就必须转变中国发展的增长方式，必须以智力成果为资源，以创新为动力，以保护为手段，实现增长方式的根本转变，推进经济和社会的快速发展。当今世界，国家核心竞争力越来越表现为对智力资源和智慧成果的培育、配置、调控能力，表现为知识产权的创造、运用能力。2006 年 5 月中央政治局集体学习知识产权保护问题时，胡锦涛总书记强调，"要充分发挥知识产权在增强国家经济科技实力和国际竞争力、维护国家利益和经济安全方面的重要作用，为我国进入创新型国家行列提供强有力的支撑"。版权作为知识产权的重要组成部分，在建立创新型国家过程中必将发挥更大的作用，也将得到党和国家、社会更高的关注和重视。

（二）在构建和谐社会进程中，版权将发挥积极的作用

和谐社会包括三个方面，一是人与自然的和谐，二是人与人的和谐，三是人自身的和谐。在这三个方面之中，社会的安定和平稳，人和人之间的和谐是最为重要的。在知识产权三大部分中，专利权、商标权被称为工业产权，版权被称为文化产权。作为文化产权的版权是社会应用最广泛的一种知识产权，与每个人都息息相关，如果我们不能很好地平衡权利人和使用者二者之间的关系，就会在一定范围内产生社会矛盾，就会对构建和谐社会产生消极的影响。因此，版权保护最基本的特点就是要平衡权利人和使用者之间的关系。在作品的创作和使用过程中，权利人和使用者是一对矛盾。从目前的情况看，首要的是要保障权利人的权益，激发权利人创作的热情。在此前提下，协调权利和使用的关系，从中国的实际出发，对权利做出必要的、合理的限制。合理使用、法定许可及设定权利保护期限等权利限制原则，为作品的广泛传播、实现其社会效益提供了保障。在这个过程中，社会公众以及众多的权利人和使用者对版权保护的认识必将有一个新的提升，版权也必将在社会生活中发挥更为广泛和深刻的影响。

（三）版权在推动产业发展方面的作用将得到很大提升

随着技术的广泛应用和发展，版权保护的范围大大拓宽，版权作品的载体进一步多样化。版权保护的范围从图书

报刊到电影电视，从音乐、戏剧、舞蹈等艺术形式到计算机软件、建筑外观设计；版权作品的载体也从单一的图书、报刊等纸介质作品发展为音像制品、电子出版物和网络等多种载体。因此，版权保护的领域远远超出了文化的范畴，版权在推动产业发展中的作用越来越大。

发达国家高度重视版权产业在国民经济中的作用。美国、英国、芬兰、丹麦、澳大利亚等国都开展了有关版权产业对国民经济贡献率的调查活动，世界知识产权组织还专门制定了有关版权在国民经济中的贡献率的调查指南。从调查指南中我们可以看出以下三个特点：（1）各国不再仅用定性的方法来描述版权在经济中的贡献，更侧重通过适当的统计模型，用定量的方法来分析版权在经济发展中的贡献率。（2）版权产业的发展速度已远远高出其他产业。在调查指南中列举的美国、日本、英国、芬兰、丹麦、澳大利亚等国，其版权产业的增长率几乎是其国民经济增长率的两倍。（3）版权产业的领域大大拓展。调查指南把版权产业分为四个方面：核心版权产业、相互依存的版权产业、部分版权产业、非专用支持版权产业。按照这种分类方法，版权产业不是一个狭小的领城，它已延伸到社会生活的方方面面。

在中国，版权产业刚刚兴起，呈现出良好的发展势头。不仅图书报刊、广播电视、文艺演出等与文化产业相关的版权产业发展势头迅猛，计算机软件、实用工艺美术等方面的版权产业发展的势头也很好。据统计，2004 年中国的文化产业发展增加值为 3440 多亿元，软件产业的营业收入达到 3700 亿元，仅此两项已在中国 GDP 中占到近 4% 的比例。随着我国的快速发展，可以预计，版权产业必将呈现出更加迅猛的发展趋势。

（四）版权保护的力度将进一步加大

知识产权的创新、管理、使用和保护，是一个有机的发展链条，是相互促进的关系，没有创新就没有使用和保护，没有保护，创新也难以为继。从当前中国版权保护的实际来看，虽然成绩很大，但是版权保护的水平还不高，而社会对版权保护的要求很高。这种要求不仅是中国建立创新型国家，构建和谐社会，推动相关产业发展的要求，从根本上看，它反映了一种社会进步、历史进步的根本要求。这样的一个社会存在提出的客观需求，必将促进版权事业的大力发展。

温家宝总理指出，"我们对知识产权保护一定能像钢铁一样硬，而不是像豆腐那样软"。在今后相当长的一段时间内，国家对版权保护必然是一个加强的趋势，这种加强体现在以下几个方面：

（1）法律制度将更加完备。我们现在已经建立起了一套适应中国国情，又和国际相衔接的法律制度，但是从未来的发展看，一方面，随着技术的发展，法律需要不断地更新；另一方面，中国优势知识产权领域的立法工作要大大推进，如针对传统知识、民间文艺的立法。

（2）执法的力度将大大增强。法律的生命在于执行。从我国版权保护的实际情况来看，很多权利得不到有效保障，这是当前最突出的问题和矛盾。因此，这也是今后相当长一个时期内，国家和政府要着力解决的问题。今后，版权执法一方面要进一步加强司法和行政保护的衔接，重点打击以营利为目的的集团性侵权盗版犯罪活动；另一方面，要有效保护权利人的作品，有效维护作品使用的良好秩序。

（3）为版权相关产业服务的中介组织将更加活跃。版权制度的不断发展，需要建立一大批适应市场经济需要的版权中介组织和行业协会，在市场经济条件下，促进作品的使用和传播，真正发挥好作品使用绿色通道和版权交易"润滑剂"的作用。

（4）版权保护社会意识必将得到进一步的增强。一个国家、一个民族的版权保护认识水平的高低，决定着一个国家版权保护水平和版权发展水平的高低。很难想象，一个国家的版权保护水平很高，公众的版权保护意识却很淡漠。社会公众对版权保护的认识水平和道德观念是一个远比法律和执法更为艰巨的任务和更为重要的问题。随着社会的发展、人们生活水平的提高和版权意识的不断加强，版权保护意识将根植于人们的内心，成为公民自觉的法律习惯和良好的道德行为。

（本文原载《中国法律》2007 年第 1 期）

充分发挥版权制度在建设创新型
国家中的重要作用

（2007 年 4 月 19 日）

版权是一种私权，但它的复制、制作与广泛传播却是社会性的、产业性的，在市场经济环境下，版权作为产权化的智力成果所具有的财富属性、产品属性和高附加值属性，使其成为越来越重要的生产要素和财富资源。在创意产业和文化产业的发展壮大中，版权作品发挥着重要的作用。对版权作品的创造、许可使用、复制、传播是创意产业和文化产业发展的基础。我们从受版权保护的人类智力成果的角度来理解文化产业、创意产业的概念，更加贴近事物的本质特征。

一

增强自主创新能力、建设创新型国家是党中央、国务院从全面落实科学发展观、开创社会主义现代化建设新局面的全局出发做出的一项重大战略举措，是我们实现科学发展的一个必经阶段。经过改革开放二十多年的发展，我国国民经济一直保持着平稳较快的增长，进入 21 世纪以来，我国的人均 GDP 已经持续保持在 1000 美元以上。按照世界银行的划分，我国已经进入了中等偏上收入国家行列。这对我们的发展而言，是一个非常关键的时期。

长期以来，我们的经济增长主要以高投入、高消耗、高污染的粗放型增长方式为支撑。随着经济增长与能源资源短缺矛盾的日益突出，建立在资源过度消耗和对生态环境破坏基础上的经济模式将难以为继，中国不可能再走资源耗费型、环境污染型、技术依赖型和劳动密集型的发展老路。因为我们必须面对经济发展过程中的两个现实：

一是尽管我国是资源大国（我们的矿产资源排世界第 3 位，国土资源排世界第 3 位，煤炭资源排世界第 1 位，发电资源排世界第 2 位，原油资源、水资源排世界第 6 位），但自然资源人均占有量多数不及世界平均水平。如人均耕地资源只有世界平均水平的 1/3，人均水资源只有世界平均水平的 1/4，人均矿产资源只有世界平均水平的 1/2。不少地区盲目追求经济指标，掠夺性使用自然资源，使我国可利用自然资源日趋枯竭，单位 GDP 消耗的能源是世界平均水平的 2.2 倍，是美国的 2.3 倍，是欧盟的 4.5 倍，是日本的 8 倍；我国的劳动生产率仅相当于美国的 1/12、日本的 1/11；我国以占世界 4% 的经济总量，消耗了全球石油的 7%、原煤和钢材的 30%、水泥的 40%。

二是尽管我们已经是世界第三大贸易国，但出口产品中拥有自主品牌和知识产权的只占大约 10% 。由于缺乏核心技术和知识产权，我们的产能没有获得等量的经济回报。我国石化装备的 80% ，轿车生产设备、纺织机、数控机床的 70% ，芯片设备的 85% 需要依赖进口，我国企业由于缺乏核心技术，不得不将每部国产手机售价的 20% 、计算机售价的 30% 、数控机床售价的 20% —40% 支付给国外专利持有者。事实表明，无论是在国际市场还是在国内市场，依靠过去那种拼资源、拼劳力的方式已经很难换来应有的利益。粗放型增长方式正在威胁中国的持续发展，技术创新能力已成为制约经济增长的首要因素。

从国际经验来看，在人均 GDP 1000 美元到 3000 美元这个阶段，很多国家的经济都会出现很大的起伏和动荡。日本、韩国和东南亚的一些国家和地区，通过自主创新形成了一批具有自主知识产权的产品和技术，不仅主导了自己的国内市场，还支撑起许多具有国际影响力的品牌产品，拉动GDP 进入一个高速增长期。反观拉美一些国家，则因经济增长方式没有转变，长期以来没有形成拥有自主知识产权主导的产业，高端产品的市场多被跨国公司占领，使其失去宏观调控的主动权。在这样一个历史背景下，《国家中长期科学和技术发展规划纲要（2006—2020 年）》明确提出"要经过15 年努力，到2020 年使我国进入创新型国家行列"，这是我国经济和社会发展的必然要求。

二

创新型国家的共同特征是：创新综合指数明显高于其他国家，知识或智力成果在经济和社会发展中的贡献率在 70%以上，研发投入占 GDP 的比例一般在 2% 以上，对外技术依存度指标一般在 30% 以下。当前，我国知识产权在经济和社会发展中的贡献率为 36% 左右，研究开发投入占 GDP 的比重为 1.4% 左右，对外技术依存度为 50% 以上。与创新型国家的标准相比还有相当大的距离。要缩短这种距离，我们只能依靠提高自主创新能力，依靠知识产权的创造、使用、管理和保护。知识产权作为鼓励和保护创新、促进经济社会发展的基本法律制度之一，已日益成为国家间竞争和博弈的重要领域与基本手段。能否充分利用和有效发挥知识产权制度在激励科技创新、优化资源配置、保护创新成果、维护竞争秩序等方面的作用，已经成为各国夺取竞争优势的一个关键所在。胡锦涛总书记、温家宝总理多次指出，世界未来的竞争就是知识产权的竞争。完善的知识产权制度是建设创新型国家最重要的保障和有力支撑。

在知识产权三大部分中，专利权、商标权被称为工业产权，版权则被称为文学产权，但这并不代表版权的保护范围仅限于文学领域。事实上，按照《保护文学和艺术作品伯尔尼公约》第 2 条第 1 款的规定，版权保护的"文学艺术作品"包括"文学、科学和艺术领域内的一切成果,不论其表现形式或方式如何"。《伯尔尼公约》诞生一百二十余年来,版权的范畴已日益覆盖文学艺术、新闻出版、广播影视、文化娱乐、工艺美术、建筑外观、计算机软件、信息网络等各个领域,版权的客体在技术进步的推动下发生了深刻变化,几乎人类创造的所有科学、文化、艺术领域的智力成果都是版权保护的客体。作为知识产权重要组成部分的版权既是创新的一个重要的领域,又是创新成果的一个重要表现方式。版权制度与建设创新型国家之间有直接和内在的联系。

三

现代版权制度的作用不仅是保护作者和传播者的合法权益、促进文学艺术的繁荣,更重要的是通过对作者和相关权利人的保护,鼓励创造和创新,让社会大众受益,同时通过作品的复制与传播带动相关产业的发展,从而推动整个经济社会的健康发展。版权是一种私权,但它的复制、制作与广泛传播却是社会性的、产业性的,在市场经济条件下这种特性尤为突出。在版权制度诞生以后这三百年的历程中,没有任何一种知识产权能够像版权这样,如此深刻地受到技术进步和社会需求这两方面的巨大推进和影响。这种推动和影响突出地表现在两个方面:

第一,版权作品的形式日益丰富多彩,应用极为广泛。

版权制度首要的是保护权利人的利益，使创作者能够得到回报，再进行智力创新活动。但著作权法在维护作者合法权益的同时，也要平衡权利和使用的关系，对权利进行适当的限制，以达到促进作品广泛传播、使公众最大程度受益的目标。现在，版权与社会生活紧密相连，版权不再仅仅是私人之间的事情，版权与每个人息息相关。没有一个社会人能够脱离版权，每个人都可能是版权作品的创作者或传播者，即使不是，也一定是版权作品的使用者。现在，版权已经成为创作者最广泛、使用者（包括取得授权许可的制作、传播者和社会公众两个方面）也最为广泛的一项知识产权。

这既与版权的文化特性有关，又得益于技术进步的推动。复制传播技术的进步和发展对版权作品的载体和形式产生了深刻的影响。印刷复制技术、录音录像技术、无线电通信技术、网络技术，每一种新的复制传播技术的产生都对版权作品的载体形式和广泛传播产生了重要的影响。版权作品不仅通过印刷表现在纸介质的各类出版物中，它还通过声光电磁及网络等载体形式表现在影视、音乐、表演、电子出版物、软件等方面。版权作品表现形式如此丰富多彩、如此广泛，令我们难以想象。但无论技术怎么发展，无论载体或介质如何，它都未超出《伯尔尼公约》对版权保护客体的界定，即它是"文学、科学和艺术领域内的一切成果，不论其表现形式或方式如何"。

第二，版权在经济和社会发展中的贡献率越来越高，版权在推动版权产业发展中具有核心作用。在市场经济环境下，版权作为产权化的智力成果所具有的财富属性、产品属性和高附加值属性，使其成为越来越重要的生产要素和财富资源。近年来，版权对经济增长的贡献正日益受到世界各国的关注和重视。世界知识产权组织把版权产业分为四类：核心版权产业、相互依存的版权产业、部分版权产业和非专用支持的产业。美国、英国、芬兰、丹麦、澳大利亚等国都开展了有关版权产业对国民经济贡献率的调查活动，各国不再仅用定性的方法来描述版权在经济中的贡献，而是通过适当的统计模型，用定量的方法来分析版权在经济发展中的贡献率。

美国、日本、英国、芬兰、丹麦、澳大利亚等国的调查表明，版权相关产业的发展速度已远远高出其他产业的发展，其增长率几乎是其国民经济增长率的两倍。美国国际知识产权联盟的调查数据表明，2005 年美国全部版权产业产值1.38 万亿美元（占当年美国 GDP 的 11.12%），核心版权产业产值 8190.6 亿美元（占其当年 GDP 的 6.56%）；2005 年核心版权产业的就业人数达到 538.04 万人（占美国当年就业人口的 4.03%）；核心版权产业对外贸易额和出口额达到1108 亿美元，超过了食品、纺织、飞机、烟草、石油、煤炭等产业的总和。

在我国，版权产业刚刚兴起，呈现出良好的发展势头。

不仅图书报刊、广播电视、文艺演出等与文化产业相关的版权产业发展势头迅猛，在计算机软件、实用工艺美术等方面的版权产业发展势头也很好。我国尚未就版权产业在经济发展中的贡献率进行过专门统计，但仅就文化产业和软件产业这两部分来看，就超过8000亿元（其中文化产业为3700亿元，软件产业为4800亿元）。

现在我们在抓创意产业、文化产业的发展。应当看到，在创意产业和文化产业的发展壮大中，版权作品发挥着重要的作用。对版权作品的创造、许可使用、复制、传播是创意产业和文化产业发展的基础。文化产业、创意产业的发展离不开创意，离不开智力成果的创造，但在市场经济环境下，创意和智力成果必须通过一定的法律制度确定下来，才能广泛地生产和传播。只有获得法律保护，才能有产业的根本发展。我们从受版权保护的人类智力成果的角度来理解文化产业、创意产业的概念，更加贴近事物的本质特征。

四

怎样发挥版权在推动经济和社会发展中的重要作用，怎样实现版权制度在建设创新型国家中的重要价值，关键在于加强版权保护。这是因为，与其他知识产权比较，版权是更加依赖保护才能有效发挥其作用的一种知识产权，这是由版权的特征所决定的。

（1）版权的一个显著特点是完成作品创作的同时，版权就自然产生了。这与专利、商标需要经过审查批准后才产生权利有所不同。这种自动生成的权利给保护带来了难度。

（2）版权作品的创作队伍很庞大，它的使用又极其广泛，这既增加了这种权利的使用对版权保护的依赖性，也增加了版权保护的难度。

（3）版权作品的创作难，投入大，但复制很容易，成本极低，特别是复制技术的发展和网络传播的便捷更使使用作品的成本降到接近零。高额利润使盗版者铤而走险。

因此，在版权的创新、使用、管理和保护诸环节中，保护居于最关键的位置，版权保护是推进版权产业健康发展的保护神。据有关国际调查显示，我国的软件综合盗版率每增加10个百分点，软件销售额将减少39.7元亿人民币，经济活动总量将减少67.76亿元人民币，而销售额和经济活动总量的减少将直接和间接地损失13170个就业机会。温家宝总理多次讲到"我们对知识产权保护一定能像钢铁一样硬，而不是像豆腐那样软"，讲得非常深刻，值得我们认真思考。此次全国范围的巡讲活动主题是"版权保护与创新型国家建设"，正是抓住了问题的主要矛盾和关键环节。

五

有效的版权保护要靠完善的法律制度、司法与行政并行的体制、权利人的自我维权意识、知识产权的管理和应用水平，以及全社会对知识产权的认识和尊重。当前，既符合国际规则又符合中国实际的中国特色的版权制度体系已基本形成，但也还有很多需要完善和加强的地方。

首先，是法律的执行问题。法律的生命在于执行。一个好的法律如果不能得到有效的执行，就没有实际意义。当前我们的一个迫切任务就是强化版权执法，依法严厉打击各种侵权行为。

在版权制度体系的建设完善过程中，政府要始终发挥主导作用，特别是在保护方面，以培育、提供一个有利于创新型国家建设的环境和平台。具体来说，在版权的创新环节，政府不是创新的主体，创新的主体一定是企业、科研单位，因为创新必须以市场机制为基础，创新的目的是形成价值，因此企业应该是创新的主体。对政府来说，除了少数重大的科研项目由政府组织开展外，更多的是对企业创新行为进行引导和鼓励。在版权的保护环节，政府是主体，主要的保护工作应该由政府担当起来，而不能放在企业身上，政府应该在保护方面发挥主导作用，创造有利于创新的良好环境。

（本文为作者在"版权保护与创新型国家"全国巡回演讲活动中的演讲，有删节）

版权：满足文化需求，也带来社会财富

（2007 年 10 月 22 日）

没有一个社会人能够脱离版权，每个人都可能是版权作品的创作者或传播者，即使不是，也一定是版权作品的使用者。版权不仅为社会提供丰富的文化产品，也为社会带来财富。政府在版权保护方面负有重要责任，但不是全部责任。应当按照法律进行区分。关于版权的保护，没有哪一个国家、哪一个政府比中国和中国政府做得更多。我们也需要讲这样一个观点，在中国不能用超现实、超阶段的眼光看待版权保护。

版权是由法律确定的一种知识产权。在知识产权三大组成部分中，专利权、商标权一般被称为工业产权，版权一般被称为文学产权。从世界上第一部版权法——《安娜法》诞生到现在近三百年中，在技术进步和社会需求两个轮子的推动下，版权发生了深刻变化。这种变化突出表现在三个方面：

第一，版权的客体由单一的书籍逐步演变为丰富多样的形式和载体，远远超出人们的想象。除了人们熟悉的图书报刊、音像电子出版物、广播、影视、音乐、舞蹈、戏剧、演讲、绘画、摄影外，还包括计算机软件、实用工艺品、工程设计、建筑外观，等等。现在，互联网的发展又催生了一项新的权利——信息网络传播权。你可能难以想象，一把椅子、一部手机、一栋建筑物中都包含着版权的要素。虽然版权的客体是如此丰富多样，但它们并未超出《伯尔尼公约》对版权保护客体的界定范围，即它们是"文学、科学和艺术领域内的一切成果，不论其表现形式或方式如何"。

第二，版权从只有少数人享有，到现在已惠及全社会的每一个成员。版权使用得极其广泛，就像生活中的空气一样，无处不在。版权与每个人息息相关。没有一个社会人能够脱离版权，每个人都可能是版权作品的创作者或传播者，即使不是，也一定是版权作品的使用者。

第三，版权在经济和社会发展中的贡献率越来越高。近年来，版权对经济增长的贡献正日益受到世界各国的关注和重视。世界知识产权组织对多个国家的调查表明，基于版权作品而形成的产业的增长速度远远高于该国国民经济增长速度。2005 年，美国全部版权产业产值 1.38 万亿美元（占当年美国 GDP 的 11.12%），核心版权产业产值 8190.6 亿美元（占其当年 GDP 的 6.56%）；2005 年核心版权产业的就业人数达到 538.04 万人（占美国当年就业人口的 4.03%）。在英国，2002 年版权产业产值超过了 530 亿英镑，占其 GDP 的 8%。在我国，据不完全统计，仅就文化产业和软件产业这两部分来看，就超过 8000 亿元（其中文化产业为 3700 亿元，软件产业为 4800 亿元）。现在，国家版权局与世界知识产权组织已共同启动了一项为期三年的关于"中国版权产业发展状况"的调研项目，通过适当的统计模型，用定量的方法来分析版权在我国经济和社会发展中的贡献率。

基于以上三点因素，我们可以得出两点结论：一是版权不仅为社会提供丰富的文化产品，也为社会带来财富；二是版权是民事权利，但版权产生的影响和作用远远超出民事范畴，涉及国家利益和公共利益。版权作品要不断满足公众的精神文化需求，而版权作品的生产、传播也成为推动社会发展的动因。

然而，版权制度也并非尽善尽美。由于版权作品的数量众多、使用极为广泛，而它的权利在作品完成的同时自然生成，并具有投入大、开发难、复制容易等特点，版权在知识产权各种权利中是最容易受到攻击和侵犯的。因此，我们不难理解版权为什么成为当前国内外都关注的一个热点，也不难理解版权保护在当前和今后将面临艰巨的任务和巨大压力。

现在，学术界和社会对我国现阶段知识产权保护水平过高还是不足有不同的观点和看法。我认为，因知识产权有多种权利、多种情况，保护过度还是不足，除了整体判断之外，更重要的是做一些具体的分析。就版权而言，也涉及多种权利，也应该做一些具体的分析，但是整体来看，目前版权保护不是过度而是不足。版权在权利和权利的使用这两者的平衡之中，权利的保护不够仍然是当前问题的主要方面。郑成思先生曾经说过一句话："如果市场上的光盘，两张中有一张是正版，我就不说保护过度了"，多么简洁、生动而有说服力。

中国政府高度重视包括版权在内的知识产权保护工作，在三十年左右的时间内建立起了符合国际规则也符合中国国情的版权法律体系。我们确立了司法和行政并行的双重保护制度。对于中国的双轨制我们不能一面持批评的态度，一面遇到问题又要求政府解决，要求政府承担更大的责任，在逻辑上这是矛盾的。就像许多人不理解中国经济为什么能够持续三十年快速健康发展一样，双轨制在中国尚处于转型期，又是发展中国家、市场经济不是很完善的阶段必将发挥重要而积极的作用；应当判断，在知识产权保护方面政府的行政保护是一个由强到弱的过程，但在现阶段，应当加强也必须加强。

政府在版权保护方面负有重要责任，但不是全部责任。应当按照法律进行区分。在我们的法律体系建立之后，法律的执行是远比法律的制定更为重要、更为艰巨的任务。执法的重点应当放在少数恶意侵权的盗版分子身上，而不是公众。我们开展了反盗版"百日行动""天天行动"，查破了一批侵权盗版大案要案，极大地震慑了盗版分子。我们也要注意防止那些打着公众利益的旗号牟利的非法使用者。对于大量的个体、对个体作品使用中出现的纠纷，应通过调解或民事诉讼的途径去解决。我们坚持不懈地进行版权教育，并确定版权教育的重点始终是公众。对于公众中一些人从眼前的好处与实惠出发购买或使用盗版物，应当教育，也只能教育，而不是查处。这项工作具有更为重要的意义。因为从经验与事实来看，宽容盗版并不能使普通百姓致富。相反，对盗版的纵容姑息必将会破坏法律秩序，扰乱社会秩序，挫伤民族创造力，根本上是损害国家利益和公众利益的。

当前，我们还在大力发展各类著作权维权组织和中介机构，这在中国是从来没有过的，也遇到了很多困难。但是中国的著作权集体管理组织以及相关的中介机构、权利人维权机构，是适应社会发展需要的。因此，这项工作不仅正在扎扎实实地推进，也一定有广阔和美好的前景。

关于版权的保护，事实上，并没有哪一个国家、哪一个政府比中国和中国政府做得更多。我们也需要讲这样一个观点，在中国不能用超现实、超阶段的眼光看待版权保护，认为中国现在就要达到发达国家的保护水平，这既不可能，也不现实。同样，我们不能用自然主义的态度对待版权保护，任其自然，也不可取。这既损害创作者的积极性，也会损害国家利益和公众利益。

（本文为作者在中国人民大学"实施知识产权战略　发展创意经济——中国知识产权高等教育二十年"论坛上的演讲，有删节）

推进版权体系建设　发展文化创意产业

（2007 年 11 月 9 日）

创意本身并不能实现它的价值，要实现从创意到财富的飞跃，必须使创意充分地表达出来，也就是创作者的创意必须形成创意成果。创意成果也就是智慧成果，这是创意产业的核心。规模化是文化创意"产业化"的基础。要形成"产业化"，就必须利用现代技术和渠道最大限度地把创意成果进行规模化复制并广泛传播出去。版权作为产权化的智力成果权具有的财富属性、产品属性和高附加值属性，使其成为创意产业重要的生产要素和财富资源；创意及其表现形式只有通过取得版权固定下来，才能进行产权的交易与转让，进而才能进行复制与传播。

一

"文化创意产业"这一新术语的出现有其自身的背景和语境。审视当今世界，科学技术日新月异，文化的作用日益凸显，经济、文化、科技的相互交融不断深化，科技和文化的创新正在成为推动经济社会发展最强大的力量。在这一背景下，文化创意产业作为知识经济时代新的产业形态和重要的经济构成，已经成为各国经济竞争的一个重要战略基点，成为国家竞争力的核心组成部分。

文化创意产业具有以下几个特征：

（1）创意是产业发展的灵魂。尽管创意产业的组织结构与交易过程十分复杂，但其核心价值仍然是创意，创造性和创新性是创意产业的源头和原动力。没有了创意，产业势成无源之水、无本之木。

（2）创意成果是创意产业的核心。创意本身并不能实现它的价值，要实现从创意到财富的飞跃，必须使创意充分地表达出来，也就是创作者的创意必须形成创意成果。创意成果也就是智慧成果，这是创意产业的核心。

（3）文化是创意产业的支撑。这与文化和创意的本质特征有关，因为文化和创意成果都具有可以让人们共享的特征。物质产品不能共享，一个苹果两个人吃，一人只能吃一半；而文化产品则可以共享，一本书许多人都可以看。因此，"源自个人创意、技巧及才华"的智力成果，最适宜在文化领域成长，文化是创意产业发展最好的沃土。

（4）规模化是文化创意"产业化"的基础。创意产业尽管十分推崇创造者的个人创造力，但它又不同于过去时代文学艺术家闭门造车式的"独创"。当代文化创意成果有的是策划、制作、传播、管理等多方合作的产物，有的是创作者个人激情与才华的展现。无论哪种情况，要"产业化"，就必须利用现代技术和渠道最大限度地把创意成果进行规模化复制并广泛传播出去。创意的成果如果不能进行规模化复制和广泛传播，就谈不上"产业"二字。

（5）文化创意产品具有的创作成本高、复制成本低和"准公共物品"的特征，使创意产业极易受到侵害。文化创意产品不具有排他性，人人皆可享有，一个人的消费并不会减少其他人对它的消费。同时，文化创意产品创作难、投入大，但复制很容易、成本极低，特别是在复制、传播技术飞速发展的今天，上述特征更为显著。为牟取非法高额利润而进行的各类侵权盗版活动，使得文化创意产业随时面临被侵害的高风险。

从以上文化创意产业的五个特征看，它与知识产权特别是版权之间存在天然联系。主要表现在：

首先，"源自个人创意、技巧及才华"的智力成果其创作者是版权的主体，而创作出来的智力成果则是版权保护的客体。

其次，从创意产业的"产业链"来考察，创意产品的创造、复制、生产、交易、传播和使用都与版权密切相关。一方面，版权作为产权化的智力成果权具有的财富属性、产品属性和高附加值属性，使其成为创意产业重要的生产要素和财富资源；另一方面，创意及其表现形式只有通过取得版权固定下来，才能进行产权的交易与转让，进而才能进行复制与传播。文化创意产品推向市场的过程实质上就是版权交易过程，创意产业企业通过对其自主创意作品版权的开发、运用和交易，实现版权财产权的价值，并由此获得利润。版权的市场价值体现是创意产业企业唯一的营利途径，对具有版权的智力成果的开发和使用是创意产业形成的基础。

最后，文化创意产业的发展水平很大程度上依赖并取决于版权保护的水平。与传统产业的产品相比，创意产业极易被侵害，这种高风险的特征决定了要发展文化创意产业必须要加大对版权的保护力度，特别是对产业链两端的版权保护。如果失去版权保护，这些产品任意被复制、使用，创意产业的发展必然丧失基础。各国版权保护水平的不同也导致了创意产业投资流向的差异，从而影响各国创意产业的发展格局。因此，版权保护的程度和水平将直接决定该国文化创意产业发展的兴衰。

现在，不少专家认为文化创意产业就是版权产业，因为它的发展更大程度上依赖版权的创造、管理、使用及保护。这是很有道理的。

二

在社会主义市场经济体制和经济全球化的背景下，大力发展中国文化创意产业，是提高国家文化软实力、参与国际竞争的必然选择，是转变经济发展方式、实现全面协调可持续发展的必然选择。当前，中国的文化创意产业正在以前所未有的速度崛起，北京、上海、深圳等地已经建立了一批创意产业基地，聚集了一批具有创造力的优秀创意人才，积极推动创意产业的发展。

我们要看到，在发展文化创意产业方面，中国具有良好的基础和条件：中国悠久的历史，深厚的文化底蕴和丰富的智力资源为创意产业发展提供了不竭之源；建设创新型国家和实施知识产权战略的重大战略举措为创意产业的发展提供了有力保障；社会经济的快速发展使人们对文化生活的需求快速增长，为创意产业发展提供了巨大的市场消费潜力；经过多年的发展，中国的创意产业呈现出良好的发展态势，出版、网络、软件等产业发展迅猛，使创意产业发展有了良好的产业基础。

但我们也要看到，中国文化创意产业的发展同时面临着创新意识不够、创新水平与国际相比还有相当大的差距、侵权盗版还很严重、版权交易还不很顺畅、版权市场不成熟等问题。

国家版权局将加大对创意产业的扶持力度，从创意产业的创作、生产、流通、消费的全过程着眼，进一步加强版权体系建设，为创意产业发展营造良好的社会氛围和规范有序的市场秩序。

（1）完善版权法律体系，加大版权监管力度，为激励创作、推进创新提供有力的法律保障。要加快《民间文学艺术作品版权保护条例》和《广播电视组织法定许可付酬办法》的起草工作，推动其尽快出台，以法律保障创作者的智力成果和对作品的合法使用。同时，要进一步加强版权执法，保持对侵权盗版的高压态势，建立规范有序的版权市场秩序，鼓励全社会投入到文化创意产品的创造、生产和传播活动中去。2007年9月以来，国家版权局、公安部、信息产业部联合开展了第三次打击网络侵权盗版的专项行动，各地共办理案件1001件，罚款87万元，没收服务器123台，关闭339个非法网站，移送司法机关案件31起，取得了很好的成效，为净化网络市场、规范行业秩序提供了保障。

（2）搭建版权贸易平台，提高版权公共服务水平。为了方便作品的授权和使用，降低交易成本，我们必须大力加强著作权集体管理机构等版权中介体系建设，大力支持数字化版权贸易平台建设，为作品的创造、交易和使用搭建平台，积极推进版权作品的产业化。同时，要充分运用数字和网络技术，改善服务手段，扩大服务范围，提高工作效率和服务质量，使著作权登记、合同登记和举报查处盗版案件奖励等制度，为文化创意产业发展提供更好的版权专业服务。

（3）加大宣传力度，大力培育版权示范基地和示范企业。企业是市场经济的主体，也是知识产权创造、应用和保护的主体。国家版权局将深入开展各项版权试点示范工作，加强对企业版权保护工作的分类指导，推动创意企业不断提高保护版权的自觉性，逐步建立和完善版权管理和保护机制。同时，要坚持不懈地进行宣传教育，不断提高公众的版权保护意识。

[本文为作者在 2007 中国（北京）国际版权论坛上的演讲，有删节]

版权保护与软件产业发展

（2007 年 12 月 25 日）

　　软件属于智力和知识密集型产品，研发投入大，但复制很容易。当前，软件盗版现象在国内普遍存在，有的地区甚至十分猖獗，一些网站未经授权大量非法复制、上载和传播盗版软件，网上侵权现象也很严重。软件盗版问题已经成为制约我国软件产业发展的主要因素之一。如果对软件的侵权盗版行为听之任之，不仅影响我国国际形象和履约承诺，而且会对民族软件产业造成致命的打击。

一

　　当今世界，高新技术日新月异，经济全球化进程明显加快，知识经济浪潮席卷全球。知识和信息成为经济发展的核心生产要素，世界的竞争正日益集中于知识产权领域，各国的核心竞争力越来越表现为对智力资源和智力成果的培育、配置、调控能力，表现为对知识产权的创造和运用能力，强化知识产权保护已成为各国发展科技、经济和增强国家竞争力的必然选择。加大知识产权保护力度是提高我国自主创新能力、建设创新型国家的迫切需要，是规范市场经济秩序、促进产业发展的迫切需要，也是进一步扩大对外开放、树立良好国际形象的迫切需要。

党中央、国务院高度重视知识产权工作。2007 年 5 月 26 日，中央政治局第三十一次集体学习时，胡锦涛总书记强调，"要充分发挥知识产权在增强国家经济科技实力和国际竞争力、维护国家利益和经济安全方面的重要作用，为我国进入创新型国家行列提供强有力的支撑"。温家宝总理在 2007 年的中央外事工作会议上指出，"我们对知识产权保护一定能像钢铁一样硬，而不是像豆腐那样软"。中央成立了国家知识产权战略制定工作领导小组，启动了《国家知识产权保护战略》的制定工作；成立了由吴仪副总理任组长、多部门组成的国家保护知识产权工作组。在党中央和国务院高度重视、各地各部门的大力推进下，我国的知识产权保护工作取得了明显成效，受到国内外的高度关注和肯定。

但我们也要看到，当前知识产权保护的形势仍不容乐观，侵权盗版现象仍很严重，特别是图书、音像、软件和网络领域的侵权盗版行为还相当猖獗，不仅扰乱了市场经济秩序，也严重阻碍和制约着产业的发展。

二

　　软件产业作为信息产业的核心和灵魂，是国民经济发展的基础性和战略性产业，是信息化建设的关键环节。发展软件产业对于优化我国产业结构、改变经济增长方式、提升国民经济运行质量、加快创新型国家建设具有不可或缺的重要作用。近年来，在信息产业部、科技部和地方政府的有力推动下，我国的软件产业发展迅猛，规模持续扩大，综合实力显著增强。2005 年软件产业实现销售收入3900 亿元，软件出口 35.9 亿美元，具有自主知识产权的软件新产品不断涌现，预计 2010 年软件产业销售收入将达到 13000 亿元。

　　由于软件属于智力和知识密集型产品，研发投入大，但复制很容易，因此很容易被侵权盗版。加之互联网的快速发展，为部分网站非法下载盗版软件提供了方便。当前，软件盗版现象在国内还普遍存在，有的地区甚至十分猖獗，网络环境下的侵权问题也凸显出来，一些网站未经授权大量非法复制、上载和传播盗版软件，网上侵权现象也很严重。

　　总体来看，我国软件保护的环境还未得到根本性改善。软件盗版问题已经成为制约我国软件产业发展的主要因素之一。有关国际调查显示，"我国的综合盗版率每增加 10 个百分点，软件销售额将减少 39.7 亿元人民币，经济活动总量将减少 67.76 亿元人民币，而销售额和经济活动总量的减少将直接和间接地损失 13170 个就业机会"。特别是与国外软件企业相比，软件盗版对我国民族软件产业的损害更加巨大，因为中国软件企业规模不大，没有海外市场支撑，缺乏投资和技术积累，相对来讲，在国际软件市场竞争中还不占据优势。如果对软件侵权盗版行为听之任之，不仅影响我国国际形象和履约承诺，而且会对民族软件产业造成致命的打击。

因此，进一步加大软件版权保护力度，营造健康规范的市场环境，是当前保证我国软件产业健康发展十分突出的任务。

三

近几年来，国家版权局和信息产业部、商务部、财政部、公安部等有关部门紧密配合，采取有效措施，为加强软件版权保护做了一些工作。从 2003 年开始，国家版权局会同信息产业部、公安部、国家工商总局等部门，连续三年开展了打击软件盗版专项治理行动，取得了较好的成效；2006 年年底，国家版权局、信息产业部、公安部开展的打击网络侵权盗版专项行动和 2007 年全国"扫黄打非"办、新闻出版总署、国家版权局等十部委开展的"反盗版百日行动"，都将打击软件盗版作为治理重点；2007 年 6 月，国家版权局还开展打击非法预装计算机软件专项治理行动，各地版权部门通过与计算机商城管理方签订执法责任书、积极推动计算机硬件销售企业与软件商签订销售正版软件协议等多种方式，建立软件销售与执法责任制，计算机预装软件的市场环境得到改善。自 2004 年下半年开始，按照国务院要求，国家版权局、信息产业部、财政部等部门，积极开展和推进政府部门软件正版化工作。到 2006 年 3 月，各省级、地市级人民政府全部完成软件正版化工作。比如浙江省政府投入 5000 多万元，完成了省级及地市县三级政府的软件正版化工作。政府带头使用正版软件起到了很好的示范作用。

为推动我国软件产业继续做大做强，实现跨越式发展的战略目标，国家版权局将进一步做好以下各项工作，强化软件版权保护：

一是要继续把打击软件侵权盗版作为版权执法重点，进一步加大打击力度。要充分发挥版权执法主体优势和专业法律优势，与信息产业、公安、工商等部门密切配合，继续加强对软件销售市场和预装领域的整顿和监管，严厉查处组织制作、生产、销售盗版软件的活动，集中力量查处一批侵权大要案件和典型案件。2007 年，国家版权局将着手建立数字版权监管平台，积极利用新技术手段，进一步加大网络环境下的软件版权执法力度。对情节严重、符合刑事制裁标准的，要坚决移送司法部门追究刑事责任。

二是要大力推进软件正版化工作。2007 年，国家版权局与商务部、信息产业部、财政部等部门联合颁布了《关于计算机预装正版操作系统软件有关问题的通知》和《关于政府部门购置计算机办公设备必须采购已预装正版操作系统软件产品的通知》，国家版权局、商务部、信息产业部等九部门还建立了推进企业软件正版化部际联席会议制度，制定了大型企业推广正版软件的实施方案，企业正版化工作正式启动。目前，信息产业部颁布了企业软件正版化产品推荐目录，国务院国资委、全国工商联等部门已确定了第一批推行软件正版化的大型企业，并在系统内开展了软件正版化培训工作。2008 年，大型企业软件正版化工作将全面推开，为促进民族软件产业的发展营造一个良好的环境。

三是要通过宣传教育和培训工作，增强企业自身知识产权意识，提高企业知识产权创造、管理、实施和保护水平。软件企业要做大做强，一方面要不断创新，提高创造和运用自主知识产权产品的比重和能力；另一方面，软件企业要在尊重他人创作成果的同时，善于运用知识产权来保护自己的合法权益，形成共同发展的良好态势。版权部门要把软件正版化服务工作作为工作重点，给企业积极的支持和帮助，推动企业建立起知识产权管理制度，构筑企业自身的知识产权创造、管理、实施和保护体系。我们还要进一步规范计算机软件著作权登记制度，完善软件登记代理体系，提高软件登记效率，为软件著作权人提供优良、便捷的服务。同时，通过不断加强宣传培训工作，进一步普及宣传著作权法律知识，着力增强软件企业和社会公众的版权保护意识。

（本文为作者在 2007 年全国软件产业工作会议上的讲话，有删节）

郑成思：我国知识产权界的一面旗帜

（2008 年 4 月 10 日）

郑成思认为，在知识经济和经济全球化迅猛发展的当今世界，"如果没有知识产权，中国很难再有四大发明"。主张中国应建立和完善符合国情的知识产权保护制度，反对西方发达国家脱离中国实际的知识产权"强保护"压力，提出中国在国际知识产权领域要由现阶段的"参与权"，逐步转变到"话语权"。郑成思撰写、编辑出版了三十余部知识产权著作，发表了数百篇论文，为我国知识产权界留下了一笔宝贵的精神财富。

郑成思同志之所以能够在我国知识产权界得到广泛的认同和敬重，我认为：

首先，郑成思同志具有心系民族的爱国情怀。

改革开放以来，郑成思同志怀着强烈的民族责任感，以极大的热情投身于中国的知识产权保护事业。他认为，在知识经济和经济全球化迅猛发展的当今世界，"如果没有知识产权，中国很难再有四大发明"。他积极主张中国应建立和完善符合国情的知识产权保护制度，同时坚决反对西方发达国家脱离中国实际的知识产权"强保护"压力。面对发展变化的国际知识产权保护格局，他提出，中国在国际知识产权领域要由现阶段的"参与权"，逐步转变到"话语权"，切实维护国家利益。在我国知识产权战略的制定及知识产权国际谈判与磋商中，他强调应当"扬长避短"，提出强化我国传统文化等领域的知识产权保护，逐步增加我国在国际市场上的知识产权产品。在我国加入世界贸易组织以及中美知识产权谈判过程中，他作为中方的高级法律顾问，凭借其对知识产权国际公约以及世界各国版权法律制度的了解和熟悉，以有理、有利、有节的方式回应谈判对手提出的问题，多次化解双方的误解和冲突，不但维护了我国的尊严和合法权益，也赢得了外方谈判代表的尊重和钦佩。长期以来，郑成思同志以民族和国家利益为重，他对国家发展、民族振兴有着热切的期盼，并为之努力奋斗，体现出一位学者的拳拳报国之心。

其次，郑成思同志具有求真务实的科学态度。

改革开放以来，郑成思同志以求真务实的科学态度，长期从事知识产权教学与研究工作。他对待理论和学术研究一丝不苟，坚持实事求是，追求真理。他立足于中国的实际，将国际知识产权制度与我国国情有机结合，积极参与《著作权法》《专利法》和《商标法》的制定工作，他参与了《民法典》的起草工作并担任了知识产权编（专家建议稿）起草主持人，特别是在《著作权法》以及相关法律、法规的立法和修改过程中，他以敏锐的眼光提出了许多建设性意见和建议并被立法机关采纳。郑成思同志在从事知识产权研究近三十年的时间里，努力探索、辛勤耕耘，撰写、编辑出版了三十余部知识产权著作，发表了数百篇论文。其中，于 20 世纪 80 年代初发表的《谈谈英国版权法》《第一部跨国版权法》等作品，更是成为当时处于开放初期的中国人了解现代版权制度的启蒙之作，他撰写的《版权法》《知识产权论》等专著，成为我国知识产权研究史上的经典，为我国知识产权界留下了一笔宝贵的精神财富。郑成思同志以求真务实的科学态度，成就了其知识产权法学思想和学术理论，也为我国知识产权的理论研究以及法律体系的建立和完善做出了重大贡献。

最后，郑成思同志具有虚怀若谷的高尚品格。

郑成思同志经过多年的奋斗和努力，以其丰硕的研究成果在中国知识产权界享有很高的地位，他两次应邀为中共中央政治局集体学习授课，并多次在全国人大常委会法制讲座上做专题报告；他秉持对知识产权保护的执着追求，成为享誉中外的知识产权专家；他以渊博学识，赢得人们的尊重而桃李满天下。但他从不以专家自居，能以平常心来对待荣誉。对待学生，他严格要求，循循善诱；对待他人，他有问必答，热情帮助；讨论问题，他坚持观点，尊重别人。他一向严于律己，宽以待人，对身边同事、朋友的困难总能倾囊相助，但是对自己物质生活的要求却极为简单。在《郑成思版权文集》编纂过程中，他的同事、朋友、学生和每一个认识他的人在谈到郑成思同志为人、处事、治学的点滴旧事时，无不为他治学严谨、实事求是、朴实谦和、淡泊名利的个人品格所折服。

三十年前，郑成思同志刚开始从事知识产权研究工作时，知识产权对中国来说还是一个新生事物。经过改革开放三十年的发展，在党中央、国务院的正确领导下，我国知识产权事业取得了历史性进展：知识产权的拥有量和质量稳步提升，知识产权成果得到广泛有效的运用；知识产权保护工作卓有成效，有力地保护了权利人的合法权益，维护了公平的市场经济秩序；知识产权法律体系逐步完善，管理、执法、服务体系逐步健全；全社会重视和保护知识产权的氛围开始形成，知识产权意识逐步提高。知识产权事业在国民经济和社会发展中正在发挥越来越重要的作用。

作为这一历程的重要见证者、推动者和实践者，郑成思同志的逝世无疑是我国知识产权事业的重大损失。为广泛宣传郑成思同志对建立我国知识产权制度做出的杰出贡献，充分利用和发掘郑成思同志在版权理论研究方面的重要成果，国家版权局收集整理了他在版权研究方面的部分经典著述，组织编辑出版了这套《郑成思版权文集》。这不仅是对郑先生学术成果的肯定，对郑先生本人的纪念和追思，更重要的意义在于激励大家继承郑先生的版权理论研究成果，秉承他那种鞠躬尽瘁的工作精神、求真务实的工作态度和为民服务的责任意识，在新的历史起点上，奋发有为、扎实有效地做好知识产权工作，为全面推动我国知识产权事业的发展，做出新的更大的贡献。

当前，我国知识产权事业已经进入历史上最好的时期，但也是矛盾和压力最大的时期。党的十七大提出的建设创新型国家、全面建设小康社会的宏伟目标，对知识产权工作提出了新的更高的要求，也提供了良好的发展机遇。我们要认真学习贯彻党的十七大精神，进一步增强紧迫感和责任感，解放思想，克服困难，开拓创新，求真务实，努力把我国版权工作提高到一个新水平。

当前，我们版权战线的同志们正按照中央的部署和要求，大力实施国家知识产权战略，进一步夯实基础，不断完善版权法律法规体系，加强版权执法体系建设，支持和鼓励各类自律维权组织、版权中介组织和行业协会的建立健全。要继续把加强监管、严格执法作为当前版权工作的重中之重来抓，加大执法力度，增强执法刚性，不断提高保护能力。要把版权的创造和保护贯穿于从研究开发到产业化的各个环节，有针对性地开展鼓励创作、规范使用、协调产权交易等工作，积极推动创新成果的商品化、产业化，不断增强知识产权运用能力。同时，要通过开展各种形式的主题宣传教育活动，提高全社会的版权意识，营造尊重知识、崇尚创新的文化和社会氛围。

现在，我们越来越认识到，发展知识产权事业就是激发和保护全民族的创新热情，是中国自身发展的需要。增强我国自主创新能力，建设创新型国家，促进经济社会又好又快地发展，要求我们不断完善知识产权保护制度，加大知识产权保护力度，加快培育和发展国家核心竞争力，大幅度增强民族自主创新能力和国家综合实力。这是广大版权工作者的历史使命和神圣职责，也是对郑成思同志最好的纪念。

（本文为作者在《郑成思版权文集》出版座谈会上的讲话，有删节）

当前版权保护的几个问题

（2008 年 4 月 21 日）

我们决不能用自然主义的眼光来对待版权保护，决不能以发达国家经历了上百年的版权保护历程为由来为我们设定一个漫长的保护期限。现在，学术界和社会对"我国现阶段知识产权保护水平过高还是过低"有不同的观点和看法。但是整体来看，目前版权保护不是过度而是不足。在权利和权利的使用这两者的平衡中，权利的保护不够依然是当前问题的主要方面。

一

关于版权与创新型国家建设。增强自主创新能力、建设创新型国家是党中央、国务院从全面落实科学发展观、开创社会主义现代化建设新局面的全局出发做出的一项重大战略举措，是我们实现科学发展的一个必然要求。随着经济增长与能源资源短缺矛盾的日益突出，我们国家不可能再走资源耗费型、环境污染型、技术依赖型和劳动密集型的发展老路，必须转变经济发展方式，提高自主创新能力，提高知识在推进经济社会发展中的贡献率。

创新型国家的建立有两项硬指标：一是时间上的要求，我国到 2020 年进入创新型国家的行列；二是创新成果贡献率的要求，到 2020 年我国创新成果或智力成果的应用在经济社会发展中的贡献率要达到 70% 以上，我们现在仅为 46%，差距很大。要缩短这种距离，我们只能依靠提高自主创新能力，依靠知识产权的创造、使用、管理和保护。知识产权是创新成果的权利化体现，是保护创新优势和开拓市场的重要法律手段。只有通过自主创新并对创新成果加以法律保护，形成自主知识产权，才能将创新成果转化为法律权利，将创新优势转化为产业优势，进而形成对市场的掌控权，提高竞争力。没有知识产权的创新成果，由于缺乏法律的保障，将失去在市场上应用与发展的动力。创新型国家建立的核心问题是包括专利权、商标权、版权等知识产权的创造、使用、管理和保护。在建设创新型国家过程中，我们不但需要大量拥有知识产权的创新成果，而且还要充分使用这些创新成果，切实有效地保护创新成果。能否充分利用和有效发挥知识产权制度在激励创新、优化资源配置、保护创新成果、维护竞争秩序等方面的作用，已经成为各国夺取竞争优势的一个关键所在，越来越受到科技界、企业界的重视。知识产权作为鼓励和保护创新、促进经济社会发展的基本法律制度之一，已成为企业甚至国家间竞争和博弈的重要领域和基本手段，成为当代国家竞争的焦点，其地位越来越重要，作用越来越突出。胡锦涛总书记、温家宝总理多次指出，世界未来的竞争就是知识产权的竞争。完善的知识产权制度是建设创新型国家最重要的保障和有力支撑。

对创新的理解是一个重要问题。我们不能把"创新"狭隘地理解为"科技创新"。提高自主创新能力、建立国家创新体系，首先需要的是科技创新。专利等科技创新成果的广泛运用，能有效降低我国企业的对外技术依存度，提升企业的生产能力和竞争力。但同时，版权等知识创新成果的运用，不仅可以推动文化创新、满足文化需求，而且带来了巨大的社会财富，推动了产业发展。因此，提高自主创新能力、建设创新型国家，有赖于专利、商标、版权以及商业秘密、地理标志和植物新品种等众多知识产权制度的激励和推动。能否发挥包括版权在内的多种知识产权制度在推进经济社会发展中的重要作用，直接关系到能否实现建立创新型国家的宏伟目标。

二

版权作为一种智力成果权是工业化的产物。当作品可以由印刷机从一份复制为多份时，作品便走出了私人间刻抄传阅的狭小范围，迈出了面向社会广泛传播的关键一步。同时，这种广泛的传播使印刷成为可以带来利益的事情，保护作者和印刷者的利益，关系到这种广泛的传播方式能否延续和发展。为保障作品创作者和传播者的利益，也为了实现作品在一定规范下广泛传播，而不是被人随意盗版，现代版权制度应运而生。1709 年，英国议会通过了《安娜法》（《为鼓励知识创作而授予作者及购买者就其已印刷成册的图书在一定时期内之权利的法》），由此开始，版权作为由法律确定的一种知识产权开始进入人类社会，迄今已近三百年了。

从现代版权制度产生的历史背景可以看出，版权与文化有内在的紧密联系。这不仅表现在文化的发展催生了现代版权制度（《安娜法》的出台正是为了适应当时文化创新与实践的需要），而且尤为突出地表现在版权具有的文化功能客观上有力地推动了文化的广泛传播和发展。版权的主体是作品的创作者，版权的客体是各类作品，这些构成了文化的根本。如果脱离了作品的创作者，脱离了丰富多彩的文化作品，文化就是一个空壳。同时，版权的客体涵盖了文化领域的各个方面，按照《伯尔尼公约》的界定，版权保护的客体包括"文学、科学和艺术领域内的一切成果，不论其表现形式或方式如何"。几乎人类创造的所有科技、文化、艺术的智力成果都是版权保护的客体。更为重要的是，版权制度以激励创新、保护智力创造性劳动成果为基本出发点，以维护作者的权益为基本目标，其实质是通过保护权利人，激励作品的创作与传播。因此，版权充分体现了对智力创作的尊重和肯定，目的是激励创作者创作出更多的优秀作品，也为人类文化发展做出了重要贡献。

三

现代版权制度由文化发展催生三百年来，在社会需求和技术进步两种力量的交互作用下，发生了深刻的变化，这种变化突出表现在以下五个方面：

第一，版权的客体日益丰富多彩。除了人们熟悉的图书报刊、音像电子出版物、广播、影视、音乐、舞蹈、喜剧、演讲、绘画、摄影外，版权的客体还包括计算机软件、实用工艺品、工程设计、建筑外观等，甚至延伸到互联网上的信息网络传播权。一把椅子、一部手机、一栋建筑物中都包含着版权的要素。这既与版权的文化特性有关，又得益于技术进步的推动。新的复制传播技术的进步和发展对版权作品的载体和形式产生了深刻的影响。印刷复制技术、录音录像技术、无线电通信技术、网络技术，每一种新的复制传播技术的产生都对版权作品的载体形式和广泛传播产生了重要的影响。版权作品不仅通过印刷表现在纸介质的各类出版物中，它还通过声光电磁及网络等载体形式表现在影视、音乐、表演、电子出版物、软件等方面。版权作品表现形式如此丰富多彩、涉及领域如此广泛令我们难以想象。但无论技术怎发展，载体或介质如何，它都未超出《伯尔尼公约》对版权保护客体的界定，即它是"文学、科学和艺术领域内的一切成果，不论其表现形式或方式如何"。

第二，版权的使用惠及社会大众。版权使用极其广泛，与每个人息息相关。没有一个社会人能够脱离版权，每个人都可能是版权作品的创作者或传播者，即便不是以上两者，也一定是版权作品的使用者。现在，版权已经成为创作者最广泛、使用者（包括取得授权许可的制作、传播者和社会公众两个方面）也最广泛的一项知识产权。日本学者梅田久认为，"20世纪是专利的时代，21世纪是版权的时代"，正是看到了版权所具有的新的时代特征。

第三，版权制度的扩张不断加剧，高新技术领域的版权问题不断得到规制。这种扩张主要表现为：版权保护年限不断延长，保护范围日益加宽，权利种类大大增加，保护力度逐渐强化。正如郑成思先生所指出的，著作权是一个历史的概念。随着新技术的发展，产生了新的著作权权能，如音像复制权、播放权、制片权、邻接权；随着商品经济的发展，增加了改编权、发行权、追续权等；随着国际交往频繁，增加了翻译权。特别是以计算机软件、信息网络为代表的高新技术的快速发展与应用，为版权制度的扩张提供了广阔的空间，作品的信息网络传播权被提出来，高新技术领域的版权问题引起各国的重视，也成为各国版权制度努力占领的重要高地。

　　第四，版权对经济增长的贡献率越来越高，版权在推动版权产业发展中具有核心作用。在市场经济环境下，版权作为产权化的智力成果所具有的财富属性、产品属性和高附加值属性，使其成为越来越重要的生产要素和财富资源。近年来，版权对经济增长的贡献正日益受到世界各国的关注和重视。美国、英国、芬兰、丹麦、澳大利亚等国都开展了有关版权产业对国民经济贡献率的调查活动，各国不再仅用定性的方法来描述版权在经济中的贡献，而是通过适当的统计模型，用定量的方法来分析版权在经济发展中的贡献率。调查表明，各国版权相关产业的发展速度已远远高于其他产业的发展，其增长率几乎是其国民经济增长率的一倍。2005 年美国全部版权产业产值为 1.38 万亿美元（占当年美国 GDP 的 11.12%），核心版权产业产值为 8190.6 亿美元（占当年美国 GDP 的 6.56%）；2005 年核心版权产业的就业人数达到 538.04 万人（占美国当年就业人口的 4.03%）。在英国，2002 年版权产业产值超过 530 亿英镑，占其 GDP 的 8%。现在，我们正在推动创意产业、文化产业的发展。应当看到，在创意产业和文化产业发展壮大的过程中，版权作品发挥着重要的作用。对版权作品的创造、许可、复制、传播与使用是创意产业和文化产业发展的基础。在市场经济环境下，创意和智力成果必须通过一定的法律制度确定下来，才能广泛地生产和传播。从受版权保护的人类智力成果的角度来理解文化产业、创意产业的概念，更加贴近事物的本质特征。在我国，据不完全统计，仅就文化产业和软件产业这两部分来看，就超过 1 万亿元（其中文化产业为 5100 亿元，软件产业为 5800 亿元）。现在，国家版权局与世界知识产权组织已共同启动了一项为期三年的关于"中国版权产业发展状况"的调研，通过适当的统计模型，用定量的方法来分析版权在我国经济和社会发展中的贡献率。

第五，版权越来越容易受到侵犯。这是由版权的特征所决定的：版权的一个显著特点就是作者创作作品完成的同时，版权就自然产生了。这与专利权、商标权需要经过审查授权后才产生有所不同。优秀的版权作品创作难、投入大，但复制很容易、成本极低，特别是复制技术的发展和网络传播的便捷更使使用作品的成本降到接近零，同时，版权作品的创作队伍很庞大，使用者又极其广泛，高额利润使得盗版者铤而走险。

基于以上因素，我们可以得出以下几点结论：一是从《安娜法》到现在近三百年的历史证明，版权制度的产生并没有限制文化的发展，恰恰相反，它极大地激励了作者的创作激情，推动了人类优秀文化成果的不断涌现，为文化发展提供了动力。二是这些创新成果不仅为社会提供了丰富的文化产品，也为社会带来了财富。三是与其他知识产权比较，版权是更加依赖保护才能有效发挥其作用的一种知识产权。四是版权虽然是一种私权，但它的复制、制作与广泛传播却是社会性的、产业性的，版权产生的影响和作用已经远远超出民事范畴，与国家利益和公共利益紧密相关。现在，版权的保护与使用已经跨越了国界，成为一个国际性问题。

四

我们在推动版权的创作、使用、管理和保护等方面存在的问题主要有：

（1）在创新方面，优秀的原创作品还不多，创新能力不强，质量不高，还不能适应文化大发展大繁荣的需求。虽然我国版权作品的数量增长很快，但是质量普遍不高，内容雷同甚至抄袭、重复生产、跟风生产的现象大量存在。在电影、电视、图书、软件等领域，虽然每年制作、出品的数量很大，但竞争力不强，受到广大观众（用户）喜爱的还很不够，在市场上占有重要地位的不多，相反，国外同类产品较多，有些领域的相关市场基本上被国外产品占领。

（2）在使用方面，版权社会服务体系不健全，智力成果的运用及商品化、产业化和市场化程度不高。第一，智力成果交易的社会化、专业化机制还未形成，缺乏规范、快捷、低成本的、方便权利人和使用者双方进行交易的良性机制和贸易平台；第二，版权集体管理组织建设滞后，机构数量少，覆盖面窄，已经正常运转的集体管理机构仅有中国音乐著作权协会、中国音像著作权协会两家；第三，版权代理服务发展缓慢，还没有真正发挥出促进智力成果应用和转化的作用，不能适应版权交易的市场需求；第四，版权相关行业组织的作用未能得到有效发挥，难以独立开展"打盗维权"和行业自律工作，很大程度上影响了版权相关产业的快速发展。

（3）与创新和使用比较，版权的保护是一个更为突出的问题。在刑事执法方面，相关工作机制还不够健全，版权犯罪起诉受理机制的启动还存在技术障碍，侵权行为人受到刑事制裁的为数不多。在行政执法方面，"机构不健全、物质无保障、执法缺手段"的问题普遍存在，基层版权行政机构不健全，执法队伍严重不足，版权行政管理机构和执法队伍建设的状况与其面临的形势和承担的任务、责任之间，形成巨大的反差。版权执法体系和执法机制不健全，版权行政执法力量不足，特别是基层版权执法队伍不足，打击侵权盗版的力度不强，不但难以有效打击侵权盗版行为、维护权利人的合法权益，而且已经严重地影响了版权相关产业的发展，图书、音像、软件、网络等产业的发展因盗版问题受到严重制约。以软件盗版为例，有关国际调查显示，我国的软件综合盗版率每增加 10 个百分点，软件销售额将减少 39.7 亿元人民币，经济活动总量将减少 67.76 亿元人民币，而销售额和经济活动总量的减少将直接和间接地损失 13170 个就业机会。如果我们版权保护不力，首先损害的是我们民族版权产业，而不是国外企业。因此，我们加强版权保护，从根本上来看，是我们自身产业发展的需要。

（4）国际版权纠纷日益增多，版权保护的国际压力不断增大。2007年4月，美国贸易谈判办公室将中国知识产权问题、出版物市场准入问题诉诸WTO争端解决机制。所诉的四个问题中有三个与版权有关。通过这个事件可以看出，知识产权工作特别是版权工作，面临着越来越大的国际压力。美国的行为，一方面是美国国内政治的需要，另一方面也是它从长期发展的战略高度出发，为保持和巩固其经济、科技的全球领先地位，实施知识产权"强保护"的结果。这有着深刻的政治、经济原因。当前，西方发达国家利用强大的经济、科技优势和国际多双边平台，不断强化版权保护力度，主导国际版权保护的话语权，形成有利于发达国家的国际版权保护新规则，并将版权保护与国际贸易挂钩，不断以知识产权为武器对广大发展中国家施压，在全球范围内维护其经济利益，强化知识产权保护的趋势日益明显。我们应该认识到，随着中国经济的健康快速发展，版权保护已经成为国际竞争的重要政策工具，不同利益集团之间的分歧日益加剧，国际知识产权纠纷的高发期已经提前到来。

我们也要看到，中国版权保护的时间短、起点低，在一定程度上存在着侵权盗版问题，这是中国处于现在这个发展阶段不可避免的。因此，当中国达到国际条约保护的基本门槛时，应当给中国的版权保护一定的时间。要求中国现在就要达到发达国家的保护水平，这既不现实，也不可能。

当然，我们决不能用自然主义的眼光来对待版权保护，决不能以发达国家经历了上百年的版权保护历程为由来为我们设定一个漫长的保护期限。这有两方面的原因：一是我们所处的国际环境已经发生了根本变化，改革开放三十年来，我们已完全走出封闭，按照一定的国际规则全面地与世界的发展融为一体；二是全面落实科学发展观、建设创新型国家，都要求我们必须进一步加大知识产权保护力度，以更好地激励全社会的创新精神和创造能力。

现在，学术界和社会对"我国现阶段知识产权保护水平过高还是过低"有不同的观点和看法。我认为，因知识产权有多种权利、多种情况，保护过度还是不足，除了整体判断外，更重要的是要做一些具体的分析。就版权而言，也涉及多种权利，也应该做一些具体的分析，但是整体来看，目前版权保护不是过度而是不足。这具体表现为：部分权利人的合法权益得不到有效的保护，侵权引起的版权问题仍然十分突出，图书、音像、软件、网络等产业的发展受到很大的制约，创新活力受到抑制。因此，我们的结论是：在权利和权利的使用这两者的平衡中，权利的保护不够依然是当前问题的主要方面。

五

法律的生命就在于它的执行。认识这一点，要求我们在执法这个环节投入更多的资源和力量，要求我们各级版权行政管理部门都要把工作重心切实转到加强执法上来，两者不可偏颇。

加强版权保护，包括行政与司法两个层面。司法是我国版权保护最基本也是最强有力的法律救济手段，在版权保护中发挥着主导性作用。我国从中央到地方建立了一套比较健全的知识产权侦查、检察、审判组织体系。近几年来，我国公安、检察机关依法侦破、逮捕、起诉了一批侵犯版权的犯罪分子，各级人民法院的版权审判力度不断加大，审判效率不断提高，制裁版权犯罪行为取得显著成效。据统计，2003—2007年，全国地方法院共受理著作权案件25835件，审结25331件，版权案件呈现出快速增长的态势。此外，最高人民法院、最高人民检察院结合版权司法的实践需要，相继出台了一系列司法解释，为版权法律制度的完善发挥了积极作用。

版权行政执法是中国版权保护制度的一个显著特点。版权行政执法的优势在于便捷及时、程序相对简化、成本较低而且见效快。实践证明，司法保护与行政保护并行的双轨体制，既有利于发挥司法保护在版权保护中的基础性、主导性作用，又有利于发挥行政执法及时、快捷、高效的特点，符合我国"尚处转型期，又是发展中国家、市场经济不很完善"的发展现状，有效遏制了侵权盗版活动的蔓延，保护了权利人的合法权益，维护了市场秩序，发挥了重要而积极的作用。

我们要认识到，政府在版权保护方面负有重要责任，但不是全部责任，应当按照法律进行区分。不能采取对中国的版权保护制度一方面持批评态度，另一方面遇到问题就找政府，无限制地加大政府责任的做法。在逻辑上，这是矛盾的。在知识产权保护方面，政府的行政保护应是一个由强到弱的过程，但在现阶段，针对侵权盗版十分严峻的现状，行政执法应当加强，也必须加强。当前一个时期内，版权执法的重点应当始终放在少数恶意侵权的盗版分子身上，而不是公众。对以营利为目的非法使用作品的盗版分子，特别是那些集团性的侵权盗版犯罪分子，要依法加大行政处罚力度，追究他们的刑事责任，以创造和提供一个作品公正使用的良好社会环境，这是政府的责任。对于大量个体作品使用中出现的纠纷，应尽量通过调解和民事诉讼途径去解决，不能都动用国家行政力量。

加强行政执法和司法，不等于放松立法。立法是执法、司法的基础和保障。当前，我国的版权立法也并非尽善尽美，还存在一些不太完善的地方。第一，版权法律体系不够完善，配套的法规、规章缺位；第二，版权法律责任追究力度不够，特别是行政执法措施不到位；第三，版权法律制度前瞻性不足，还不能完全适应市场经济和高新技术发展的要求；第四，民间文艺等优势资源领域立法进程缓慢，急需制定相关的版权保护法律，以充分挖掘我国丰富的民间文艺资源，发挥优势，应对国际挑战。目前，国家版权局正在抓紧开展民间文学艺术作品著作权保护的立法工作、《著作权法》第二次修订的调研工作和作品登记办法的制定工作，其中，民间文学艺术作品著作权保护已经列入国务院立法计划。

六

法律是刚性的，它用强制力来约束公民的行为，观念是高于法律的，它可以自觉调整和约束公民的行为。因此，我们在法律层面加强版权保护监管的同时，必须始终不渝地向公众介绍、宣传符合公众利益和国家根本利益的版权知识，提高公众的版权观念。

近年来，虽然我国不断加大对侵权盗版的打击力度，并持续不断地开展普及版权知识与提高版权意识的教育，但是，由于我国处在社会发展的转型期，社会和公众的法律意识整体水平还不高，对侵权盗版的社会危害性还缺乏足够的认识。2006 年《全国国民阅读与购买倾向抽样调查》显示，

2005 年虽然有 47.4% 的国民认为盗版对读者和出版者都不利，但是仍有 45.5% 的国民在自觉或不自觉地购买盗版出版物。社会公众的版权保护意识还不高，"侵权盗版无害论"在社会上还有相当的市场，客观上纵容了侵权盗版行为的蔓延。一些领导干部出于眼前利益，认为打击侵权盗版会影响当地的经济发展，甚至把打击版权犯罪与发展经济对立起来，搞地方保护主义，对侵犯版权的违法犯罪行为纵容包庇。企事业单位的版权意识普遍薄弱，不少企事业单位既不知道尊重他人的权利，也不清楚怎样维护自己的权益，放任了侵权盗版行为的滋生。虽然近几年在版权的宣传教育方面我们取得了一定的成就，但还很不够，这项工作仍是版权工作中最薄弱和亟待加强的重要环节。必须从版权工作的战略高度来认识这个问题。在这个方面的投入还需要加强、加强、再加强，在宣传教育的方法上，需要改进、改进、再改进。我们必须树立面向社会、面向公众开展版权宣传教育的方针，把面向社会公众的宣传教育与学术研究、专业教学区别开来。这是两个层面的问题，就政府工作而言，应侧重于前者，即社会和公众的宣传教育。

我一直认为，一个民族的版权认识水准决定着一个国家版权保护的水平和版权发展的水平。因此，我们要长期不懈地开展全民版权意识的教育工作，这是当前版权工作中的一个关键。版权教育的重点始终是公众。对于公众中一些人从眼前的好处与实惠出发购买或使用盗版物，应当教育，也只能教育，而不是查处。因为从经验与事实来看，宽容盗版并不能使普通百姓致富。对盗版的纵容姑息必将破坏法律秩序，扰乱社会秩序，挫伤民族创造力，根本上是损害国家利益和公众利益的。因此，我们必须进一步加大版权宣传教育力度，提高公众的版权意识，努力营造"尊重知识、尊重劳动、尊重人才、尊重版权"的良好社会氛围。

（本文为作者在 2008 中国保护知识产权高层论坛上的演讲，有删节）

不能用自然主义的眼光对待版权保护

（2008 年 5 月 4 日）

转变一个民族的观念是最难的。然而，观念也是最有力量的。改革开放以来，"实践是检验真理的唯一标准"的大讨论，转变了中华民族的观念，推动了整个中国的巨大变革。我曾提出，"公众的版权认识水平决定着我国的版权保护水平"。认识是主观的，保护程度是客观的。但正如一位哲人所说："观念总在行动之前，就好比闪电总在雷鸣之前。"存在与意识、行为与观念，在人类思想史上始终是一个既简单又玄奥的命题。

在版权领域，有两本书对我影响最大。一本是郑成思先生的《版权法》，这本书多次再版，被公认为中国版权理论的扛鼎之作，也是我的案头必备。另一本是吴海民同志的《中国版权备忘录》，也是再版，篇幅不到 20 万字，却涵盖了由改革开放之初到 1992 年中国加入《保护文学艺术作品伯尔尼公约》中国版权走过的极不平凡历程，跌宕起伏，读罢心中久久难以平静。

版权作为一种智力成果权是工业化的产物。当作品可以由印刷机由一份复制为多份时，作品就走出了由私人间刻抄传阅的狭小范围，迈出了面向社会广泛传播的关键一步。同时，这种广泛的传播使印刷成为可以带来利益的事情，保护作者和印刷者的利益，关系到这种广泛的传播方式能否延续和发展。1709 年，英国议会通过了《安娜法》（《为鼓励知识创作而授予作者及购买者就其已印刷成册的图书在一定时期内之权利的法》），由此开始，版权作为法律确定的一种知识产权进入人类社会，迄今已近三百年了。

版权作为法律确定的权利进入我国社会生活，还只是改革开放以后的事情。1979 年 1 月，标志着中国改革开放里程碑的十一届三中全会刚刚结束，中国高能物理代表团访美，在签订《中美高能物理协定》时，涉及版权问题，当时代表团无人知道版权是什么。仅仅时隔半年，在中美双方签订《中美贸易关系协定》时，又遭遇版权这个问题。当时，国内无人知道版权是什么。

虽然在 1910 年清王朝崩溃前夕颁布过《大清著作权律》，虽然在更早的时期中国宋代就出现过版权的萌芽，但正如书中所述，在中国历史上这仅仅是"一道稍纵即逝的闪电"。

在欧洲，版权保护已有近三百年的历史。

而在中国，三十年前我们才刚刚知道"版权"这个概念。

差距多么大。

但仅仅经过三十年，版权已成为社会生活中出现频率非常高的一个"流行词语"，我国的版权保护发生了巨大的历史性的变化。

中国的版权保护，起步晚、时间短、进步大。成就是客观的，这一点毋庸置疑。但是，也不能评价过高。我们不能认为，我们在不到三十年的时间就走过了发达国家三百年的历程。从版权的法律制度设计上、从立法层面看，中国的版权保护的确走过了这个历程。关于这一点，国际社会和国内都有评价。但是从法律的实施和执行层面看，还存在不少问题。著名学者郑成思先生曾尖锐地指出："如果市场上的光盘，两张中有一张是正版，我就不说保护过度了。"多么简洁、生动、有说服力。版权工作根本上是要平衡权利人与权利使用者两者之间的关系，最终达到推动社会进步、使公众受益的目的。当前，在权利与权利的使用这对矛盾中，创作者的权利尚不能得到切实有效的维护，这仍然是矛盾的主要方面。

然而，这只是基于事实的一个客观判断，并未探究到问题的根源。

当我读完这本书，除却几分对版权保护成绩的欢愉，更多的是复杂与凝重的思考……

为什么？我来说明。

在改革开放之初，陕西的一个县城，出现过一桩"扬名费疑案"。一位业余作者创作了一部秦腔剧本《光棍娶妻》，剧本被县剧团采用了。当作者见到剧院门口海报上赫然写着他这个编剧的大名时，喜悦之情难以言表，在向剧团表示感谢的同时，又产生了一些"不安分"的想法："能不能再给我一点稿费？"由此引发了一场官司，剧团说："我们给你扬名了，还没有要扬名费呢，你竟然还跟我们要稿费？！"这官司打到了县法院，当时法官支持县剧团的主张。

这是书中叙述的发生在二十多年前的一桩事情。

现在，任何一个法院的法官们都不会像二十年前那样断案了。但是，类似的事情在当前社会生活中却并非绝无仅有。就在前两年，当国内的词曲作者期望依据法律把他们的权利延伸到卡拉 OK 领域时，也出现了不少啼笑皆非的事情，其中，某大城市的卡拉 OK 经营者就提出，"凭什么要为词曲作者支付卡拉 OK 版权使用费，他们还应当向我们支付扬名费呢！"

两个故事虽然时隔二十年，竟如出一辙。

这值得我们深思。

中国的版权保护取得的成就举世瞩目，但为什么还会发生这样的事情？我们应当怎样评价中国的版权保护？这是一个重大问题。

中国的版权保护时间短、起点低，在一定程度上存在着侵权盗版问题，这是中国处于现在这个发展阶段不可避免的。因此，当中国达到国际条约保护的基本门槛时，应当给中国一定的时间。要求中国现在就达到发达国家的保护水平，这既不现实，也不可能。

当然，我们决不能用自然主义的眼光对待版权保护，决不能以发达国家经历了上百年的版权保护历程来为我们设定一个漫长的保护期限，这有两方面的原因：一是我们所处的国际环境已经发生了根本变化，改革开放三十年，我们已完全走出封闭，按照国际规则与世界的发展融为一体；二是坚持科学发展，要求有一个公平有序的市场环境，要求尽快摒弃以消耗资源为代价的粗放式发展模式。

但是，我们怎样缩小差距？最根本的问题是什么？问题的症结在哪里？当我们联系现实进行深入思考后，不能不把原因归结到"观念"身上。

在事物发展变化中，转变一个民族的观念是最难的。然而，观念也是最有力量的。改革开放以来，"实践是检验真理的唯一标准"的大讨论，转变了中华民族的观念，推动了整个中国的巨大变革。没有观念的转变，就没有现代中国的发展。

我曾提出，"公众的版权认识水平决定着我国的版权保护水平"。认识是主观的，保护程度是客观的。但正如一位哲人所说："观念总在行动之前，就好比闪电总在雷鸣之前。"存在与意识、行为与观念，在人类思想史上始终是一个既简单又玄奥的命题。

不仅应认识到观念的作用和力量，更重要的是怎样转变观念。

这本书就是一本让人们改变观念的书。作者以犀利的目光记载了那一段历史中版权的发展进程，与众不同的是，他善于把这段历史以及作者的情感与思考生动地以人们更乐于接受的方式表达出来，而不是以罗列现象和压缩代替简约和朴素，以生涩和玄奥代替理性的表达。

这对于我们具有双重的启示：（1）版权需要理论，也需要通俗。就面向社会公众而言，更需要通俗。（2）通俗并不是简单化，也不排斥理性，而是用智慧把现实生动地表达出来。就我而言，这是该书在版权领域对我产生很大影响的全部理由。

今年是改革开放三十周年，修订再版此书很有意义。

（本文为作者为吴海民《中国版权备忘录》所作的序）

网络媒体发展与网络版权保护

（2008 年 6 月 21 日）

可以说，人们对互联网的认识已知远不如未知，其技术发展和社会影响还将发生深刻变化。这就要求我们必须站在科技、文化发展的最前沿，加强对新媒体的应用和管理，提高网络文化产品和服务供给能力，有效防范和遏制有害信息传播，净化网络环境，切实把信息网络建设好、利用好、管理好。当前，网络和数字技术日新月异，利用网络的方式和形式也在不断变化，网络著作权保护也不断面临新的问题。这些问题包括：搜索引擎链接问题，P2P 技术引发的版权问题，博客与播客等网络应用引发的版权问题，临时复制与网络版权等。

一

近年来，数字网络技术发展呈现出以下几个特点：

一是网络发展迅猛。目前，互联网已经覆盖全球 233 个国家和地区，网民超过 11 亿，网站数量突破 1 亿个。在我国，1997 年年底仅有网民 63 万人，到 2007 年 12 月底网民总人数达到 2.1 亿人，位居全球第二，网站数量已有 150 万个，域名总数达到 918 万个。2008 年 3 月 14 日，总部设在北京的 BDA 咨询公司公布一项研究报告称，中国互联网用户的数量已经超过美国，跃居世界首位，达 2.21 亿人。互联网已经成为人们日常生活的一种方式。

二是网络广泛深入地渗透到经济社会各个领域，在促进国民经济增长、转变经济增长方式、提高管理水平和能力、促进网络文化发展方面都发挥了重要的作用。在我国，据统计，86.6% 的网民使用网络音乐，排名网络应用之首，其次是即时通信（81.4%）、网络影视（76.9%）、网络新闻（73.6%）、搜索引擎（72.4%）、网络游戏（59.3%）、电子邮件（56.5%）。2007 年，我国网络游戏出版的市场销售收入达 105.7 亿元，占全国所有互联网信息服务收入的一半，游戏玩家数量达 4017 万人。

三是网络的开放性特点、信息传播的无中心化和交互性特点日趋明显。网民可以使用电脑、手机等多种终端随时随地上网，既可以使用各种信息服务，又可以成为信息的创作者、提供者和传播者。特别是对等网络技术（P2P）、即时通信技术、博客播客的出现，使网民通过网络直接实现了信息的交换和共享。

数字技术、网络技术的飞速发展和在新闻出版领域的广泛应用，催生了新的文化生产方式和传播方式，极大地改变了新闻出版的生产、传播和消费方式，互联网成为重要的文化创作生产平台、文化产品传播平台和文化消费平台，成为覆盖广泛、快捷高效、影响巨大的大众传媒，成为文化信息的集散地和社会舆论的放大器，对人们特别是知识分子和青年学生的影响越来越大。具体来讲，数字网络技术对新闻出版的影响至少有三个方面值得高度关注。

一是出版物的载体形式不断丰富，出版物的影响力不断加强。大容量数字化文化资源库的开发与应用，使其在文化信息的保存、传播和出版方面有无可替代的优势。例如清华同方"中国学术期刊网"一家网站出版网络杂志量就达8000多种、文献量达5000万篇、下载总量达18亿篇次，形成了一个文献图书资料的数据库。同时，出现了基于移动通信的文化消费和出版载体，网络小说、手机小说成为一种崭新的出版形态。目前专门的网络文学网站大约有3000个，其中原创文学网站占3/5，存稿逾300万部（篇），网站日均投稿量达10000部（篇），日均下载阅读量达750万页。

二是各种传播载体相互融合，相互促进，使出版产品得到多次开发，延伸了出版产业链，形成强大的文化产业群。现在，图书期刊出版后往往还要赠送或者销售磁带、光盘，有的改编成电影、电视剧，形成新的经济增长点；或者反过来，先有电影、电视剧，随后跟上图书、光盘等，甚至推出其他各种各样的衍生产品。图书出版、音乐光盘、电影制片、网络游戏、主题公园、频道经营、零售商店等，形成强大的文化产业群。比较典型的例子是《哈利·波特》的出版过程。在图书方面，《哈利·波特》系列小说已被翻译成 55 种文字，带来了全球几亿册的图书销售业绩；在电影方面，《哈利·波特》成功改编成风靡全球的电影，仅《哈利·波特与魔法石》一部就赚取了约 9.5 亿美元的票房，还利用"哈利·波特"的著作权形象开发出"哈利·波特"系列产品。美国迪士尼公司的动画电影《狮子王》，于 1994 年 6 月上映后很快成为该公司最卖座的经典动画，各种"狮子王"衍生产品、表演接踵而来，《狮子王》系列产品销售 50 多亿美元。

三是出版业的生产流程、组织形式和管理方式、运营模式等都发生深刻的变化，传媒汇流、传媒企业整合已成为世界出版传媒业的发展趋势。20 世纪 90 年代以来，大型跨媒体、跨国家媒体集团异军突起，频繁发生并购重组，传媒业成为集中化程度最高、兼并最激烈、发展速度最快的行业之一。国外很多出版传媒集团，如德国的贝塔斯曼公司、美国的迪士尼公司、美国新闻集团等，适应社会化大生产的要求，现在已经不是单纯的图书、报纸等的出版机构或者娱乐公司，而是实行资本运营，打破文化领域的界限，拓展了文化产业链，涵盖了图书、报刊、音像、互联网、娱乐、电影、电视、广播等多个文化领域，成为多媒体、跨行业、全球化的集团化公司。这些媒介集团利用先进的组织方式和运营模式，利用跨国并购、重组，以及资本的迅速扩张来主导市场。当前，我们在文化体制改革中抓集团化建设、抓出版单位事业转企业、抓连锁经营物流配送等一系列工作，就是要自觉适应出版生产力的发展，改革出版管理体制和运行机制，促进出版生产力的更大发展。

二

在不断推动人类经济社会发展的同时，数字技术、网络技术的飞速发展也对现有法律制度、管理模式、社会规范、意识形态等带来了冲击和挑战。

一是网上斗争十分激烈，维护国家安全、社会稳定面临严峻挑战，各类诉求和情绪在网上汇集放大。

二是网络文化多元化趋势加剧，有害信息毒化网络环境，违背传统道德和社会公德，严重危害青少年身心健康。

三是对传统文化管理模式提出挑战，给我国新闻信息传播体制带来了深刻影响。

四是网络侵权盗版现象日益严重，严重制约了我国互联网产业的创新与发展。

在 2008 年 4 月的全国文化体制改革工作会议上，中央领导同志明确指出，"要充分利用先进技术和现代生产方式，大力推进文化产业升级。要运用高新技术改造传统的文化创作生产方式和传播方式，全面推进出版印刷、广播影视制作等领域的数字化，提高文化产品和服务的科技含量。要大力推动传统文化产业与网络文化产业的融合，积极培育新的产业业态，努力扩大产业规模、延伸产业链条、形成产业优势。"因此，从改革的角度来看，以创新求得传统媒体的发展，用合作来定位传统媒体和新兴媒体之间的关系，更符合传媒业未来发展的趋势。这种融合不仅是技术上的更新换代，更重要的是推动出版体制的改革，在重塑市场主体、完善市场体系、改善宏观管理、加快转变政府职能等方面取得突破。

文化体制改革试点工作的经验和成果告诉我们，在社会主义市场经济条件下，不断推行改革、转换机制、增强活力不仅能够提升传统媒体的经营管理水平，更能为新闻出版单位实现技术创新和载体创新提供良好的条件。因此，我们有理由相信，随着文化体制改革的逐步推开，新兴媒体给传统媒体带来的挑战和压力，将逐步演变为媒体业进一步发展的机遇和动力。

三

可以说，人们对互联网的认识已知远不如未知，其技术发展和社会影响还将发生深刻变化。这就要求我们必须站在科技、文化发展的最前沿，加强对新媒体的应用和管理，提高网络文化产品和服务供给能力，有效防范和遏制有害信息传播，净化网络环境，切实把信息网络建设好、利用好、管理好。

当前，互联网管理在我国主要有三种模式：一是硬件接入服务管理，二是内容服务管理，三是版权管理。其中，网络传播作品引发的版权保护问题首当其冲。这一问题是世界各国在知识产权保护领域普遍关注的问题，也是最突出、最困难的问题，是我们版权立法、执法工作中一个十分重要的问题。

（一）国外网络版权保护立法的情况

20世纪七八十年代，出现了一些重要的新的技术手段和产品（复印、录像、磁带录音、卫星广播、有线电视、计算机程序、多媒体作品和电子数据库等）。面对这些新技术，国际社会逐渐意识到，有必要建立新的有约束力的国际规范。在20世纪80年代末90年代初，建立适应新技术发展的新的著作权国际规则被提上了议事日程，并通过关贸总协定乌拉圭回合谈判框架和世界知识产权组织两个途径进行。

乌拉圭回合谈判产生了《与贸易有关的知识产权协定》（TRIPs），该协议并没有完全回应新技术的产生对传统版权保护的挑战，其中就包括互联网技术对版权保护带来的新问题。

为弥补TRIPs的缺陷，世界知识产权组织加快了建立新规则的进程，并于1996年12月通过了《世界知识产权组织版权条约》（WCT）和《世界知识产权组织表演和录音制品条约》

（WPPT）。条约主要解决以下几个新技术带来的问题：

（1）作品和录音制品的数字化问题

这是网络环境构成的基础，也是网络环境下版权保护的前提条件。《世界知识产权组织版权条约》中对这一问题作了明确的回答："《伯尔尼公约》第9条所规定的复制权及其所允许的例外，完全适用于数字环境，尤其是以数字形式使用作品的情况。不言而喻，在电子媒体中以数字形式存储受保护的作品，构成《伯尔尼公约》第9条意义下的复制。"《世界知识产权组织表演和录音制品条约》对这一问题也有类似的声明。这是对传统的文学艺术作品的版权和录音制品邻接权的保护，从传统的传播媒体延伸到网络环境的基本依据。

（2）作品和录音制品在网络环境下传播的问题

作者对其作品在网络环境下的传播是否有权利加以控制，这一问题在《世界知识产权组织版权条约》第8条已做出明确的规定："文学和艺术作品的作者应享有专有权，以授权将其作品以有线或无线方式向公众传播，包括将其作品向公众提供，使公众中的成员在其个人选定的地点和时间可获得这些作品。"这种专有权被称为"向公众传播的权利"。与此相对应的是，《世界知识产权组织表演和录音制品条约》也给予表演者和录音制品制作者对其享有版权邻接权的录音制品获得"因广播和向公众传播获得报酬的权利"。这一权利的明确，为版权所有人对其作品、表演者和录音制品制作者对其录音制品增加了一项专有权,即未经版权所有人、表演者和录音制品制作者的许可,不得将其作品或录音制品上网和在网上传播。

(3) 对作品和录音制品技术保密的问题

数字化的作品和录音制品的复制是一件极为容易的事情,速度快、成本低、质量好,几乎与原件没有差别。为了保护作品或录音制品不被他人任意复制、盗版,权利人对其作品或录音制品采取加密的技术措施是完全正当和必要的,而针对这些加密技术措施的解密行为,将会直接导致对权利人合法权益的极大损害。因此,《世界知识产权组织版权条约》第11条、《世界知识产权组织表演和录音制品条约》第18条对于制止这种解密行为做了明确规定。

(4) 作品和录音制品的权利管理信息问题

在网络环境下,识别作品、作品的作者、对作品拥有任何权利的所有人或有关作品使用的条款和条件的"权利管理信息"往往是以"数字或代码"的电子形式表达的,容易被人更改、消除,造成侵权和盗版。因此,对于未经许可的这类更改、消除"权利管理信息"的行为,特别是对这类"电子信息"的更改、消除,要严加禁止,这成为在网络环境下有效保护权利人合法权益的一个关键问题。为此,《世界知识产权组织版权条约》第12条第1款、《世界知识产权组织表演和录音制品条约》第19条第1款做了明确、具体的规定。

（二）我国网络版权保护立法的基本情况

1990 年颁布的第一部《著作权法》在起草过程中，虽然考虑到了解决新技术对著作权保护带来的问题，比如计算机软件被列入了著作权保护的客体，复印、录像纳入复制的范畴，播放权包含了有线电视传播作品的方式。但它并没有完全回应新技术的产生对传统著作权保护的所有挑战，比如数字化技术和网络问题就没有得到解决。因此，在 20 世纪 90 年代前几年，我国著作权界开展了新技术对传统著作权保护挑战的大讨论，讨论的焦点是数字化技术和网络技术的产生是否动摇了传统著作权保护制度的基础。答案当然是否定的。

1991 年到 2001 年，我国网络环境下的著作权保护在立法上还处于空白状态。虽然此期间我国在立法方面没有解决网络环境下的著作权保护问题，但这并不意味着作品以网络传播的形式被使用，作者的权益就得不到保护。事实上，在此期间作者的网络传播权是受到保护的。保护途径来自两个方面：一是判例，如王蒙等六名作家诉北京中文在线案。二是司法解释。2000 年，最高人民法院颁布了《关于审理涉及计算机网络著作权纠纷案件适用法律若干问题的解释》，其第二条规定："受著作权法保护的作品，包括著作权法第三条规定的各类作品的数字化形式。在网络环境下无法归于著作权法第三条列举的作品范围，但在文学、艺术和科学领域内具有独创性并能以某种有形形式复制的其他智力成果，人民法院应当予以保护。著作权法第十条对著作权各项权利的规定均适用于数字化作品的著作权。将作品通过网络向公众传播，属于著作权法规定的使用作品的方式，著作权人享有以该种方式使用或者许可他人使用作品，并由此获得报酬的权利。"

2001 年以来，为适应我国市场经济体制的建立和不断完善，应对新技术的挑战，我国对著作权法律体系进行了全面修订，进一步完善了著作权的权利内容，增加了著作权人和表演者、录音制品制作者的信息网络传播权，并规定对"技术措施"和"权利管理信息"予以保护，从立法层面基本解决了网络环境下的著作权保护问题。

2004 年 12 月，最高人民法院、最高人民检察院颁布实施的有关"侵犯知识产权刑事犯罪"的司法解释将"在线盗版"行为明确定性为侵犯著作权的犯罪行为。

2005 年 4 月，国家版权局、信息产业部联合颁布了《互联网著作权行政保护办法》，这是我国首次就互联网版权保护专门颁布规章，为网络版权执法奠定了法律基础。

2006 年 7 月，国务院颁布的《信息网络传播权保护条例》正式实施，对信息网络传播权的权利内容、权利限制、网络服务提供商的责任等问题做出了具体规定，进一步完善了网络环境下的版权保护法律体系。

2007 年 6 月 9 日，《世界知识产权组织版权条约》和《世界知识产权组织表演和录音制品条约》正式在中国生效。

（三）网络版权保护的新问题和新发展

当前，网络和数字技术日新月异，利用网络的方式和形式也在不断变化，网络著作权保护也不断面临新的问题。包括：

（1）搜索引擎链接问题

根据国际通行规则和我国相关条例，提供作品链接的搜索引擎运营商将享受"避风港"的免责条款，在符合法律规定的情况下，可以免除相应的侵权责任（网络服务提供者为服务对象提供搜索或链接服务，在接到权利人通知书后，根据《信息网络传播权保护条例》规定断开与侵权的作品、表演、录音录像制品链接的，不承担赔偿责任；但是，明知或者应知所链接的作品、表演、录音录像制品侵权的，应当承担共同侵权责任）。

（2）P2P技术引发的版权问题

P2P是一种计算机技术，简单地说，就是计算机用户无须通过中央服务器而直接到他人的计算机硬盘上交换文件的数据交换技术。P2P分为三种形式：集中型（用户需要通过中央服务器得知"在哪里有什么文件"来进行文件交换，例如Napster、Scour等），分散型（即种子型，用户无须通过中央服务器，便可直接进行信息交换，例如Gnutella、Freenet、KaZaA等），种子型升级版（在第二种模式的基础上，实现了文件传输的动态化和进一步的分散化，下载用户同时承担上传的义务，传输方式是多点对多点，下载人数越多，下载速度越快，解决了下载受带宽限制的问题，例如 BT）。

P2P 的不断发展与宽带网的普及相结合，带来了一系列新的应用模式，包括对等计算、协同工作、搜索引擎、即时通信以及各种音频视频文件的交换，等等。这些新的应用模式极大地提高了终端用户对网络资源和服务的利用效率。但是，它们的出现也具有"双刃剑"的效果。从某种程度上来说，这些绕过服务器而在终端用户之间直接进行的信息资源和服务的交换、共享活动，恰恰是传统网络监管模式所难以涉及的真空地带，给版权保护带来了前所未有的困难。据路透社报道，有网络顾问公司预测，每个月在网上免费进行非法交易的数字歌曲超过了 10 亿首。相比之下，占美国市场合法数字音乐销售额 70% 以上的苹果音乐商店自从 2003 年开业以来，仅销售了 20 多亿首歌曲。而据美国一家互联网研究机构发布的有关网络电影盗版的调查报告显示，美国使用 P2P 文件交换工具的人数翻了一番，八成的电影下载属于通过 P2P 盗版下载。

因此，世界各地发生了多起版权人起诉 P2P 软件开发商乃至 P2P 软件终端用户的案件，过程大多一波三折，结果也不尽相同，并由此引发了巨大反响。其中比较有代表性的是美国 Napster 案和 Grokster 案，均判定网络服务提供商败诉。这两个案件的审判，奠定了美国 P2P 侵权理论基础，并对国际版权保护产生了广泛的影响。

2005年1月10日、11日，香港市民陈乃明三次在网上利用BT，将三部电影制成BT"种子"上载，供网民下载。陈向其他下载者宣称可以来下载自己的种子，还专门为电影做了配图，并告诉大家去哪里下载，甚至还贴上了标识图片——如果没有这些行为，其他人根本不可能从他那儿获得BT文件下载。香港海关发现后，于1月12日将其拘捕。这是香港海关首次针对"点对点文件分享"中的用户上载行为展开的执法行动。2005年10月24日，香港屯门裁判法院认为被告违反了香港《版权条例》的规定，以分发侵权物品、损害版权持有人的罪名判处被告三个月监禁。2007年5月18日，香港终审法院维持原判。这是全球首次个人因BT侵权而被刑事检控并定罪。

我国现行著作权保护制度尚未对P2P侵权行为做出专门规定。但是，2006年颁布实施的《信息网络传播权保护条例》关于作品网络传播行为的规定有一个显著的特点，就是不再以行为主体，而是以行为性质来判定侵权。据此，除法律另有规定外，任何未经许可通过信息网络传播作品的行为都构成侵权。尽管P2P模式下的数据交换绕过了网站的中央服务器，但只要其行为实质构成信息网络传播行为，就应当依法承担侵权责任。

（3）博客与播客等网络应用引发的版权问题

在信息网络时代，借助网络来表达自己的观点、传播自己的思想，已经成为一种时尚。博客与播客都是个人通过互联网发布信息的方式，并且都需要借助于发布程序进行信息发布和管理。博客平台起到了信息传播服务的作用，同时也应当承担信息网络传播义务，其中与侵犯知识产权有关的：一是博客日志的监管义务。通常来说，博客平台重点关注的应是那些违反宪法和法律的言论、侵害他人合法权益的言论、违背社会公共利益的言论以及其他违背博客平台自行制定的发言规则的言论。二是权利受害的救济义务。主要是指当有人因博客注册用户发布的博客日志，其权利受到侵害而发出通知时，博客平台在认为其要求合理之后，应该及时满足侵权行为受害人提出的权利救济请求，比如删除日志、编辑日志等。三是对有关部门的配合义务。博客平台作为信息网络服务媒介，应当接受有关部门对其实施管理，并且在管理部门要求其配合管理时，予以配合［《信息网络传播权保护条例》第13条规定："著作权行政管理部门为了查处侵犯信息网络传播权的行为，可以要求网络服务提供者提供涉嫌侵权的服务对象的姓名（名称）、联系方式、网络地址等资料。"］这三方面的义务是博客平台的基本义务，当博客平台违反这些义务时，将有可能被依法追究相应的法律责任。

（4）临时复制与网络版权问题

临时复制是网络传播技术的产物。作者通过网络直接发表作品，用户可以以电子方式浏览、下载而直接使用版权作品，传统的有形载体在传播过程中消失，所储存的信息最终可能因为计算机关机、重启、后续信息挤兑等原因灭失。如果以传统版权法对复制的界定，只要作品没有通过硬盘或软盘固定下来，或通过打印机打印出来，都很难追究用户和传播者的侵权责任，而版权权利人对其作品使用权的失控将使其蒙受巨大经济损失。因此，有人主张这种计算机上的暂时存储行为构成著作权法意义上的复制，理由是：尽管计算机的数字传输显示十分短暂，但就在这短暂时间里，用户显示器上再现了作品，这种再现是以计算机为载体的一次性复制即"临时复制"，应同样视为复制件。

"临时复制"是否构成版权法意义上的复制，关系到作品版权人及作品访问者的切身利益。法律不可避免会被打上国家利益的烙印，临时复制问题的争论正是数字传播技术引起的新的利益冲突的表现。如果将临时复制纳入传统复制范畴，就会扩大版权人对信息的垄断权；反之，作品使用人则会因临时复制的高效传播大大受益，降低利用社会已有文化成果的成本。正是基于上述原因，美国作为知识产权成果的最大输出国，必然坚决主张将临时复制纳入传统复制之中。我国在制定《信息网络传播权保护条例》的过程中，考虑到国际上对临时复制有很大争议，在《世界知识产权组织版权条约》《世界知识产权组织表演和录音制品条约》制定过程中，包括我国在内的发展中国家明确反对禁止临时复制；而且，作为授权立法，条例也不宜在著作权法对禁止临时复制未做授权的情况下做出规定。因此，条例未对禁止临时复制做出明确规定。但是这不意味着对禁止临时复制行为没有法律办法。如果属于享有著作权的作品，权利人可以采取技术措施，防止他人浏览；如果他人破坏技术措施，则可以通过引用条例关于破坏技术措施的规定追究其法律责任，达到保护其著作权的目的。

（四）主要问题

（1）故意侵权、恶意侵权、商业性侵权问题。

（2）正规网站未经授权使用他人作品问题。

（3）终端用户未经授权使用他人作品问题。

对前两类使用者，要严厉打击，特别是对故意侵权、恶意侵权、商业性侵权。因为这些大量非法复制、上载和传播他人作品，或以"私服""外挂"等方式非法从事互联网游戏经营的行为，不仅严重侵害了权利人的合法权益，扰乱了网络传播秩序，而且对图书、音乐、影视等传统版权产业带来了灾难性打击，危及产业的健康发展，甚至在国际范围内产生了非常恶劣的政治、经济和社会影响，严重损害了我国的国际形象。对终端用户，我们要加强教育，提高他们的版权意识。

四

　　进一步强化版权执法，依法严厉打击网络侵权盗版行为。自 2005 年以来，国家版权局会同工业和信息化部、公安部连续三年开展打击网络侵权盗版的专项行动，在打击网络侵权盗版方面不断加大监管力度。

　　自 2005 年以来，共查办网络侵权案件 1609 件，关闭非法网站 618 个，移送司法机关案件 55 起，取得了显著成效。其中，2007 年的专项行动共办理网络侵权盗版案件 1001 件，责令停止侵权行为 832 件，罚款 870750 元，没收服务器 123 台，电脑 51 台，关闭 339 个非法网站，移送司法机关案件 31 起。2007 年专项治理行动期间办理的网络案件数量是 2005 年、2006 年两年办理案件总和的 1.6 倍，没收服务器、关闭网站及移送司法机关的案件数量均超过 2005 年、2006 年专项治理的总和。

　　目前，我们已经有了一个比较完善的网络版权法律体系，形成了一支相对成熟、稳定，具备较强的法律和网络专业知识的版权监管队伍，有了一套行之有效的执法手段，有了一个支持保护知识产权的良好舆论氛围，在这样的条件下，我们对加强网络环境下的版权执法更具信心。在 2008 年的奥运会期间，国家版权局将继续会同公安部、工业和信息化部深入开展以打击网络侵权盗版为重点的专项治理行动，重点是严厉打击涉奥侵权案件、打击侵权视频网站，为奥运版权保护提供保障。

不断完善版权中介和社会服务体系。新技术出现后，在涉及版权的问题上，核心仍然是授权与支付报酬如何解决。目前看来，著作权集体管理制度仍然是多数国家应对网络环境下作品传播的主要手段。我们必须大力加强著作权集体管理机构等版权中介服务体系建设，为作品的创造、管理和运用提供"绿色通道"。

各网络服务商要建立健全内部管理制度，自觉遵守法律法规，不断提高运用知识产权制度的能力。首先，网络服务商应当有自己拥有著作权的作品，有自己一定的采编力量；其次，要以各种形式取得著作权人的许可，充分利用各类作品或信息，防止侵权行为发生。国家版权局将深入开展各类版权保护示范单位培育工作，支持形成一批拥有自主版权和竞争力较强的优秀网络服务示范企业。

充分利用先进的数字技术手段强化版权保护。目前，国家版权局已经开始构建数字网络反盗版监管平台，借助科技手段，提升网络版权执法的准确性和有效性。权利人和网站也要重视通过技术措施来保护自身合法权益。

（本文为作者在网络新闻报道与媒体经营研讨会上的讲话，有删节）

117

提高公众认识和加强执法是
版权工作的两个重点

(2008 年 12 月 5 日)

公众的认识问题和执法问题是当前最突出的两个问题。如果公众对知识产权的认识基础薄弱，那么法律制定得再好，执行起来也会大打折扣。从版权学术研究来讲，我们的学者在国际上是一流的学者，我们的学术研究可以与国际平等对话。但是我们的社会公众的版权认识水平和发达国家相比还有很大的差距。

中国的改革开放已经走过了波澜壮阔的三十年。这是伟大的三十年，是中国面貌发生深刻变化的三十年，是令全世界为之瞩目的三十年。在这三十年里，我国的版权事业从无到有，由弱到强，走过了不平凡的发展道路，取得了巨大成就。三十年前，中国很少有人知道版权。1979 年 1 月，时任国务院副总理的邓小平同志率领中国政府代表团访问美国。中国国家科委主任方毅与美国能源部长施莱辛格签署了《中美高能物理协定》，其中有涉及保护版权的条款。1979 年 4 月，一份关于起草版权法并逐步加入国际版权公约的报告，由国家出版局呈报国务院，国务院副总理耿飚转请中共中央秘书长兼宣传部长胡耀邦审批，胡耀邦同志批复："同意报告，请你们尽快着手，组织班子，草拟版权法"，从而拉开了人民共和国建立现代版权保护制度的帷幕。从 1979 年到 1990 年全国人大审议通过《著作权法》，经历了 11 年，这是我们知识产权法律制定中讨论时间最长的一部法律，比《专利法》《商标法》所用的时间都要长，足见版权立法在中国的不易。

改革开放三十年来，历经艰辛的历程，我国的版权事业取得了长足的进展：一是建立起一套既符合国情又与国际规则相衔接的著作权法律体系。从改革开放我们走出封闭开始启动著作权立法，到现在已形成一个基本完备的著作权法律体系，它和版权的国际规则是基本衔接的。二是探索建立了一个司法和行政并行的版权保护双轨体制。双轨保护体制是建立在我国尚处于转型期，又是发展中国家、市场经济还不完善的基础上，有效地发挥了司法、行政保护的优势。三是我们在打击侵权盗版方面，取得了较大的成绩，执法工作得到加强。四是版权公共服务、社会服务框架基本建立。五是版权国际合作与交流不断加强。

但以科学发展观的要求审视版权工作，还存在很多问题，其中公众的认识问题和执法问题是当前最突出的两个问题。如果公众对知识产权的认识基础薄弱，那么法律制定得再好，执行起来也会大打折扣。由于我国长期处于农业社会，缺乏产权尤其是无形产权的概念，社会公众整体的版权意识还不高。因此，在中国当前的发展阶段，保护知识产权是不可能一蹴而就的，需要几代人的共同努力。但我们也不能用自然主义的眼光看待版权保护，不能以此为版权保护设定漫长的期限。因为我们所处的国际环境已经发生了根本变化，改革开放使我们按照国际规则与世界的发展融为一体，在知识产权保护方面也要坚定开放、深化改革。我们必须把提升全社会版权意识作为当前版权工作首要和根本的任务。在工作的侧重点上，我们应该把着力点放在加强社会公众的宣传教育上。这些年从版权学术研究来讲，我们走得非常快，我们的学者在国际上是一流的学者，我们的学术研究可以与国际平等对话。但是我们的社会公众的版权认识水平和发达国家相比还有很大的差距。知识产权工作必须得到社会公众的支持，这是极其重要的。因此，我们在面向社会公众宣传和学术研究、理论创新两个层面都要加强和推进。就政府工作而言，针对中国公众对知识产权的状况还不了解、不清楚的现实，应更侧重于前者，需要有针对性地加强这方面的工作。

同时，要正确处理立法与执法的关系。对于寻求法律途径解决问题的遵守市场秩序的人来讲，完备的法律制度对推动版权的创造、交易和使用是非常重要的；而对于打击一部分侵权盗版的不法行为来说，有效的执法对规范市场秩序更显得突出和重要。且就中国目前的情况而言，我们思考在执法方面任务还是非常艰巨的，需要整体推进。我们要充分发挥社会各界在版权创造、管理、使用上的主体作用，但在保护方面，政府要发挥主导作用，充分履行职责，创造良好环境。

互联网在中国起步比较晚，但发展速度超过预期，网民人数已经达到世界第一。在互联网知识产权方面，也要遵循现实社会的基本法则，遵守"先授权再传播"的原则。国家版权局一直都把互联网的版权保护作为版权监管的重点，自2005年以来会同公安、信息产业等部门连续四年开展网络版权专项治理，取得显著成效，共查办网络侵权案件2140件，关闭非法网站810个，移送司法机关案件65起，在社会上引起较大反响。在北京奥运会期间，国家版权局会同工业和信息化部、国家广电总局建立了奥运反盗版快速反应机制，实行24小时监控，对于发现非法转播奥运赛事情况依法在最短时间内删除盗版信息，共处理投诉200起，对97家网站进行了处理，工作成效显著，得到国际奥委会充分肯定。

总的来说，一方面，我们要加强网络版权监管。目前，国家版权局正在建立数字版权监管平台，2009年要完成监管平台的一期工程建设，并启动二期工程建设，有效利用技术手段加强和改进社会监管和行政执法工作。另一方面，要积极探索互联网环境下的有效授权机制，包括集体管理方式、法定许可方式，需要立足现实来思考。网络版权保护的目的不是压制网络产业的发展，而是促进其发展。版权法律制度产生三百年来的实践证明，版权法律制度并没有阻碍文学、艺术、科学事业的创新和发展，而是大大促进了这些领域的发展，我想今后也一定会是这样。

（本文为作者在首届中国版权年会上的讲话，根据录音整理，发表时有删改）

从北京奥运会新媒体的版权保护
谈中国版权保护的几个问题

（2008 年 12 月 21 日）

版权保护要与中国国情相结合，版权保护水平要适度，当中国达到国际条约保护的基本门槛时，应当给中国一定的时间，逐步推进。要求中国现在就达到发达国家的保护水平，这既不现实，也不可能。当前我们的执法重点是少数恶意侵权的盗版分子，也要注意防止那些打着公众利益的旗号牟利的非法使用者。对于大量的个体对个体的作品使用中出现的纠纷，应通过调解或民事诉讼的途径去解决。

2008 年北京奥运会成功举办，电视、广播和新媒体的转播工作在其中发挥了重要作用。奥运会的电视广播和新媒体的转播收入占奥运会收入的 50% 以上，如何保护奥运转播权是一个很重要的问题，也是办好奥运会的关键问题之一。北京奥运期间，国家版权局、国家广电总局、公安部以及工业和信息化部几个部门成立了工作小组，对奥运会的新媒体转播情况进行 24 小时的实时监控。根据国际奥委会的监测，在奥运会期间，发生在世界各地的新媒体盗播案件发达国家占 80% 左右，其他发生在亚非国家（其中不到 10% 发生在中国）。我们对发现的非法转播行为，依照快速反应机制在最短时间内予以删除（其中用时最短的一宗案件，从发现到处理完毕只用了 20 多分钟），奥运会期间共查处案件 100 多件，得到了国际奥委会的高度评价，认为"中国政府出色的反盗版工作为北京奥运会成功举办奠定了基础，也为全球奥运反盗版工作树立了榜样"。奥运新媒体版权保护的成功经验，反映了中国改革开放三十年来版权保护的进步。借此机会，我想谈谈与版权保护有关的几个问题。

一是改革开放以来中国版权事业取得了巨大进步。三十年前，中国很少有人知道版权。1979 年 1 月，时任国务院副总理的邓小平同志率领中国政府代表团访问美国，中国国家科委主任方毅与美国能源部长施莱辛格签署了《中美高能物理协定》，其中有涉及保护版权的条款。1979 年 4 月，一份关于起草版权法并逐步加入国际版权公约的报告，由国家出版局呈报国务院，国务院副总理耿飙转请中共中央秘书长兼宣传部长胡耀邦审批，胡耀邦同志批复："同意报告，请你们尽快着手，组织班子，草拟版权法"，从而拉开了人民共和国建立现代版权保护制度的帷幕。在这三十年里，我国的版权事业从无到有，由弱到强，走过了不平凡的发展道路，取得了长足的进展：建立起一套既符合国情又与国际规则相衔接的著作权法律体系，建立了一个司法和行政并行的版权保护双轨体制，在打击侵权盗版方面取得了较大的成绩，版权公共服务、社会服务框架基本建立，版权国际合作与交流不断加强。奥运新媒体版权保护工作充分说明了我国的版权保护水平，特别是充分体现了我国版权保护双轨体制的特色，发挥了版权行政执法及时、快捷、高效的优势。

二是版权保护要与中国国情相结合，版权保护水平要适度，打击目标要突出。奥运版权保护工作做得很好，并不是说对任何领域的版权保护我们都有能力实施这样的保护，因为我们的执法力量还严重不足，长效防范机制还没有建立。这与我国尚处转型期，又是发展中国家、市场经济还不完善的发展现状有关。用科学发展观指导版权工作实践，首先要从中国版权保护的实际出发，做到准确定位。中国的版权保护时间短、起点低，在一定程度上存在着侵权盗版问题，这是中国处于现在这个发展阶段不可避免的。因此，当中国达到国际条约保护的基本门槛时，应当给中国一定的时间，逐步推进。要求中国现在就要达到发达国家的保护水平，这既不现实，也不可能。认清中国的复杂国情始终是我们工作的出发点。但我们决不能用自然主义的眼光对待版权保护，决不能以发达国家经历了上百年的版权保护历程来为我们设定一个漫长的保护期限，这有两方面的原因：一是我们所处的国际环境已经发生了根本变化，改革开放三十年，我们已完全走出封闭，按照国际规则与世界的发展融为一体；二是全面落实科学发展观、建设创新型国家，要求我们必须进一步加大知识产权保护力度，以更好地激励全社会的创新精神和创造能力。现在，一方面我们的成绩很大，我们的立法水平是与国际衔接的，但另一方面，版权执法水平还有待提高。当前我们的执法重点是少数恶意侵权的盗版分子，而不是公众。我们开展了"反盗版百日行动""天天行动"，查破了一批侵权盗版大案要案，极大地震慑了盗版分子。我们也要注意防止那些打着公众利益的旗号牟利的非法使用者。对于大量的个体对个体的作品使用中出现的纠纷，应通过调解或民事诉讼的途径去解决。我们要坚持不懈地开展版权教育，特别是对公众的版权教育。对于一些人从眼前的好处与实惠出发购买或使用盗版物，应当加强教育，而不是查处。

三是要准确把握科学发展观对版权工作提出的新的更高要求。科学发展观的第一要义是发展。知识经济时代，知识已成为生产财富、推动发展的重要资本。中央提出要转变发展方式，促进经济结构战略性调整，从依靠资金、能源、自然资源的高投入拉动经济增长，向依靠知识投入拉动经济增长转变，从自然资源驱动型增长向知识要素驱动型增长转变。这对知识产权提出了更高的要求。未来世界的竞争根本上是知识产权的竞争。只有拥有更多自主知识产权，才能转变经济发展方式，才能提高自主创新能力。在知识产权三大类中，大家比较熟悉的是专利和商标（被称为工业产权），版权被称为文学产权。实际上，版权的范畴超出了文学的领域。随着版权作品的广泛使用，版权在推动经济发展中的作用越来越大。美国把电影业、出版业、软件业都纳入版权产业，这些产业形态都依托受版权保护的智力作品的制造、复制和传播。版权作为知识产权的重要组成部分，贯穿创造、管理、保护到使用的全过程，学习实践科学发展观、实现又好又快发展，对版权工作提出了很多新要求。从政府这方面来讲，对版权的创作和使用这两方面的关注还是不够的。应当按照科学发展观的要求，加强这方面的工作。

四是要善于运用版权来解决文化发展中的新问题。这不仅是要解决我们的发展问题，还要解决我们的管理问题。前一段时间，中央领导同志批示要研究怎样发挥版权在网络管理中的作用，认为我们在这方面的工作大有可为。互联网传播的丰富性，从社会进步来说，是有利的，需要正面对待、正面引导，把它用好。另外，它也带来很多新的问题，突出的问题之一就是出现了我们传统管理方式难以应对的大量不良信息，集中反映在网络中。按照现行的管理方式处理，需要大量的人力，需要进行繁复的法律程序鉴定，并且由于网络信息海量、流动性很强，我们的管理效率不高。而通过版权进行管理是一个简捷的方法。从 2005 年开始，国家版权局和公安部、工业和信息化部连续四年开展打击网络侵权盗版的专项行动，查办了一批网络侵权案件，关闭了 600 多个非法网站。依照《信息网络传播权保护条例》，我们查处案件的标准是网络传播的作品是否经过权利人许可，并不对具体内容进行审查，这是一种非常快捷的网络管理方式。

五是版权与媒体的关系问题。从国家版权局的角度来看，就是政府部门怎样对待媒体。近几年来，我们的党报特别是人民日报，在版权宣传方面起到了很大的、重要的作用。但由于版权是一个新事物，很多人包括一些媒体还不了解，政府在发挥媒体作用、提高透明度方面工作还不到位。现代政府将是一个民主和透明的政府，民众有非常广泛的知情权，媒体在其中发挥着很重要的传播作用和监督作用。版权作为社会关注的热点，媒体应该积极客观地报道，特别是对一些有争议的问题，应该让各方通过媒体发表不同的看法，把不同观点放在一个平台上大家讨论，通过讨论讲透道理、提高认识，也是对版权的一种宣传。同时，媒体要善于利用版权，因为版权就是从出版萌发的，先有了出版物，才有了版权，版权与媒体有一种天然的联系。媒体是智力作品的重要使用者，版权制度能够激励作者创作更多的好作品，同时也为媒体使用好的作品提供了便利。我国的《著作权法》规定了报刊转载作品、广播电台电视台播放录音制品的法定许可制度，这有利于作品的使用传播。当前，颁布实施《广播录音制品法定许可付酬办法》的时机已经完全成熟。希望我们版权部门与媒体单位多多联系，一方面探讨如何更加便捷地利用好版权制度，传播好的作品；另一方面也希望媒体对版权这样一个新生事物给予热情的关注、支持和批评。

（本文为作者在共和国党报论坛第五届年会上的发言，有删节）

开创版权贸易新格局

（2009 年 5 月 25 日）

英国创意产业之父霍金森在 2008 年北京国际版权论坛演讲中指出，知识经济时代的版权就是市场经济的货币。文化创意产业的发展路径就是通过对知识产权的开发和使用创造财富。在市场经济环境下，版权作为产权化的智力成果所具有的财富属性、产品属性和高附加值属性，使其成为越来越重要的生产要素和财富资源。能不能掌握一批高质量的版权资源，是文化产业能否实现发展的关键。

一

版权贸易是著作权人以其依法享有的文学、艺术和科学作品的专有权（财产使用权）为标的进行的交易行为。究其本质，就是一种基于版权的财产权利的许可或转让而发生的贸易行为，与其他贸易行为的区别不外是其贸易的标的不同而已。版权贸易既是著作权人实现其法律赋予的财产权利的基本渠道，也是作品传播者获得资源、保障其发展的重要基础。从广义上讲，版权贸易涉及的范围不仅仅局限于图书贸易，凡是通过作品的版权许可或转让行为获利的贸易行为都是版权贸易，涉及的当事人也不局限在同一地域或国籍。但在实践中，通常是指国际或不同地区间的涉外出版物版权贸易行为。总的来看，版权资源是这些贸易活动中最重要、最本质的经营资本，不保护版权，就意味着任何人都可以无偿使用作品，不需要对作品的使用权进行有偿交易。没有版权制度，就无所谓版权贸易。

为什么说版权贸易是改革开放的产物？第一，改革开放使文化成为一种市场产品，使版权贸易有了交易对象；第二，改革开放推动了国际交流，使版权贸易有了交易市场；第三，改革开放建立了中国自己的版权制度，使版权贸易有了法律保障。

我国版权贸易发展的历史并不长，主要原因还是我们国家著作权制度起步很晚。中国的第一部著作权法是1910年的《大清著作权律》，比世界第一部著作权法——《安娜法》晚了二百年。新中国成立以后，在相当长一段时间里，不是通过法律，而是通过政策和行政规章对版权进行保护，如：1950年第一届全国出版会议审议通过的《关于改进和发展出版工作的决议》、1956年文化部发出的《关于国营剧团试行付给剧作者剧本上演报酬的通知》、1958年文化部颁布的《关于文学和社会科学书籍稿酬的暂行规定（草案）》、

1962 年文化部颁布的《关于故事片各类稿酬的暂行办法》等。这一时期的版权保护，并不是完全意义上的法律保护（实际上并没有确立作者对其创作作品的排他权，使用不使用作品、使用标准是什么，不由作者和使用者协商确定，作者并没有选择余地，更没有"版权"的概念），更多意义上是认可作者的获酬权。后来，这种"获酬权"也被视为"资产阶级法权残余"而废止了。

我国真正开始实施版权保护、开展版权贸易是改革开放以后的事情。这又分为两个阶段，第一个阶段是我们加入《伯尔尼公约》和《著作权法》出台之前，我们没有著作权法，但是碰到很多版权问题。1979 年 1 月，时任国务院副总理的邓小平同志率领中国政府高级代表团访问美国。中国国家科委主任方毅与美国能源部长施莱辛格就《中美高能物理协定》进行的谈判，因为美方提出的版权问题而陷入僵局。1979 年 4 月，一份关于起草版权法并逐步加入国际版权公约的报告，由国家出版局呈递给国务院副总理耿飙，并转送给中共中央秘书长兼宣传部长胡耀邦，胡耀邦同志批复："同意报告，请你们尽快着手，组织班子，草拟版权法"，从而启动了版权法律制度的制定工作，也拉开了版权贸易的帷幕。

在改革开放之初，国内一些出版单位与海外出版单位进行文化交流合作。如 1978 年 9 月，时任国家出版局副局长的许力以先生带领一个代表团访问日本，和日本讲谈社商定，由人民美术出版社和讲谈社合作出版《中国之旅》画册日文版、英文版。1979 年，许力以又率团出访南斯拉夫，和欧美几十家中小出版社组成的"莫托文集团"达成协议，由上海美术出版社和它们合作出版大型画册《中国》，以英、法、意、日等 7 种文字出版。1984 年，英国培格曼出版社出版了《邓小平文集》的英文版。还有，中国出版对外贸易总公司和澳大利亚进行了一些出版的合作。但是，当时没有比较成型的版权制度，也没有比较规范的版权贸易，全社会的版权意识薄弱，我国的科研和教学工作中未经许可使用国外图书期刊作品的情况大量存在。在这一期间，引进的很多图书是出版社自己引进的，看哪本好就翻译出版了。到 20 世纪 80 年代末、90 年代初的时候，引进版的图书数量已经不少了。

第二个阶段，就是我们加入《伯尔尼公约》和《著作权法》出台以后，版权贸易逐渐步入正轨，形成规模。1984 年文化部颁布《图书、期刊版权保护试行条例》，1986 年广播电影电视部颁布《录音录像出版物版权保护暂行条例》，1985 年国家版权局正式成立，1986 年《民法通则》颁布实施，1990 年十届全国人大常委会第十五次会议审议通过《著作权法》，1992 年我国加入《伯尔尼公约》和《世界版权公约》。由于要严格遵守国际公约，加之当时出版社实力不强，版权贸易量锐减，据统计，当时一年全国引进的图书不超过

10 种。后来逐渐有一些引进，也有很多版权是靠国外赠送。但是，随着我们改革开放的不断深入，随着出版业在改革中不断壮大，我国版权制度逐步建立完善，我国的版权贸易进入了全新的发展阶段。

二

改革开放三十年以来，我国的版权贸易从无到有，从小到大，立足我国，放眼全球，取得了长足发展：

一是版权贸易作品的数量、品种、质量有较大的提高。从数量方面看，版权贸易呈逐步增长趋势，就图书版权贸易来讲，与 1995 年（输出版权 354 项、引进版权 1664 项）相比，2007 年输出版权（2571 项）增长了 626%，引进版权（10255 项）增长了 516%。1995 年至 2007 年，全国图书输出版权 12731 项，引进版权 98704 项。从品种质量方面看，引进的科技类、财经类、学术类、管理类、社会科学类、文学艺术和少儿类精品图书增多，引进的图书基本能够和我们科技、经济、社会文化方面的需求相衔接，品种相当丰富。输出的产品从以前的语言、中医等传统文化作品逐渐扩大到了当代中国的学术著作、文艺作品等。

二是版权贸易逆差在逐步缩小。总的来看，我国版权贸易结构逐年改善，版权输出数量显著增长，输出质量有所提高。以图书版权贸易为例，1999 年输出版权 418 项、引进版权 6461 项，引进输出比例高达 15.5：1；而 2007 年引进的图书版权数量是 10255 项，输出图书版权数量是 2571 项，引进输出比例下降到了 4：1。特别是各出版单位利用国际书展平台，加大图书版权输出力度：2007 年莫斯科国际书展上我国版权输出意向 600 项，签订版权输出合同 81 项，与往年相比增长了几十倍；北京国际图书博览会输出版权合同 1382 项，比 2006 年增长 20.6%；2008 年第 60 届法兰克福国际书展，中国展团输出版权 1092 项，总金额为 3767 万美元，引进版权 652 项，版权输出贸易总额比上届的 1047 万美元增长了将近 360%。像《狼图腾》《于丹〈论语〉心得》《中国读本》《淘气包马小跳》等，从单品种交易金额来讲也是非常高的（《狼图腾》版权贸易已经售出 25 种语言，共收到版税预付金 110 万美元；英国麦克米伦公司以 10 万英镑买下《于丹〈论语〉心得》的全球英文版权），对传播中国文化起到了很好的推动作用。

三是版权贸易主体在不断扩大。在版权贸易初期，我们的合作伙伴主要集中于亚洲国家和地区，特别是大陆和台湾地区之间的合作。其间，中国出版工作者协会下属的国际合作出版促进会起了重要的组织推动作用，促进会从 1989 年开始连续举办大陆与台湾地区、内地与港澳的"合作出版洽谈会"。但这都不是作为一种在市场配置资源的情况下开展的版权贸易行为。自 1988 年国家版权局直属的全国首家版权代理机构——中华版权代理总公司成立以来，参与版权贸易的主体越来越多。一是各类版权代理机构与代理队伍初具规模，版权代理服务范围逐渐拓宽，版权代理市场基本建立；二是很多出版单位设立了专门的版权部或国际合作部，积极开拓国际市场；三是一些常态化的版权贸易机构建立，正在逐步发挥交易平台的良性作用，如北京市东城区建立了一个版权贸易平台，是以评估和质押贷款为基础进行版权贸易的常态化交易机构，与很多银行、投资公司合作，这就使传统的版权贸易方式发生了很大变化，从直接的使用者和交易者之间交易变成由第三方提供服务和交易平台。

四是版权贸易政策环境逐步改善。近年来，我国关于开展版权贸易的政策越来越有利，思路越来越明晰，版权贸易市场环境发生了很大的变化：（1）政府大力实施"走出去"战略，如 2003 年启动的"金水桥"计划，2005 年国务院新闻办公室、新闻出版总署联合启动的"中国图书对外推广计划"，对购买或获赠国内出版机构版权的国外出版机构进行翻译费资助（其中，2007 年共与 19 个国家的 56 个出版机构签订了资助出版协议，共资助 15 种语言的 242 种图书，资助翻译费金额 1274 万元；2008 年资助 29 个国家的 84 个出版机构，涉及项目 345 个，图书 488 册，语种 20 个，协议资助金额 1417 万）；（2）政府积极打造国际书展平台，把北京国际图书博览会（BIBF）和法兰克福国际书展作为两个主要的书展平台，加大版权输出力度（2009 年的法兰克福书展主宾国活动，政府一次性投入 5000 万元，计划资助 100 种书，这也为版权贸易发展营造了好的环境）；（3）政府大力打击各类侵权盗版行为，保护版权人的合法权益，维护正常的市场经济秩序，这为中外版权贸易的发展营造了良好的市场环境。

五是版权贸易的形式不断创新。随着涉外版权贸易的健康发展，一批出版单位也逐步壮大起来，在开展版权贸易方式上进行了许多有益的探索，越来越多出版单位从单纯的版权贸易过渡到中外合作开发选题、合作组稿出版等更高阶段的对外合作交流，取得了可喜的成绩。如 2007 年，中国青年出版总社在伦敦成立分社，通过伦敦这个国际出版中心，逐步构建一个国际化的出版平台和面向全球的营销网络。2008 年，人民卫生出版社投资 500 万美元成立了人民卫生出版社美国有限责任公司，并成功并购了一家中等规模的专业医药出版公司，拥有 200 多种图书的版权。而中国出版集团继在澳大利亚、法国以及加拿大建立合资出版公司之后，2008 年 9 月，又成立了中国出版集团国际公司，以实现对集团海外业务的资源整合、统筹管理、整体运作和国际化经营，拓展集团海外业务领域。

总的来说，在改革开放进程中，版权贸易的发展取得了很大成绩。概括起来，一是通过版权贸易为我们国家现代化建设引进了一大批急需的先进科学技术和学术专著；二是带来了先进的理念，包括成熟的管理经验和完善的管理手段；三是推动了文化交流与发展。

在看到成绩的同时，我们也要清楚地认识到，受文化背景、语言差异、经济实力、科技水平、经营理念等因素的影响，加之我国开展版权贸易起步较晚、起点不高，版权贸易还存在一些不足，面临着诸多挑战：一是版权贸易引进和输出比例不合理，逆差仍然较大；二是版权贸易结构不合理，质量不高，也出现了盲目引进、作品良莠不齐的现象；三是开展版权贸易的机制还有待完善，贸易常态化的良性模式还远没有形成；四是版权贸易队伍素质亟待提高。解决上述问题，必须坚持改革开放，在改革开放进程中，开创版权贸易新格局。

三

提高对版权贸易的认识，正确评价版权的价值。大力发展版权贸易，是发展文化产业、增强国家软实力的基础。当前，我国文化产业的国际竞争力还不是很强，对世界文化的影响还很有限，以欧美为代表的西方文化依旧处于强势地位。通过版权贸易大力发展文化产业，既能丰富我国文化市场，更好地满足人民群众多层次、多方面、多样化的精神文化需求，又能全面提升中国文化在世界舞台的影响力，进一步提高中华文化在国际市场的竞争力。

当前，要正确评价版权的价值。英国创意产业之父霍金森在 2008 年北京国际版权论坛演讲中指出，知识经济时代的版权就是市场经济的货币。文化创意产业的发展路径就是通过对知识产权的开发和使用创造财富。现在发展文化创意产业，必须充分认识产业发展的基础是什么，必须充分认识版权在产业发展中的资源性、基础性作用。在市场经济环境下，版权作为产权化的智力成果所具有的财富属性、产品属性和高附加值属性，使其成为越来越重要的生产要素和财富资源。现在我们抓文化创意产业的发展，版权作品在其中发挥着重要的作用。对版权作品的创造、许可使用、复制、传播是文化创意产业发展的基础。脱离了对版权作品的复制和加工，脱离了对版权作品的传播，就没有出版产业，也没有文化产业。随着下一步的发展，能不能掌握一批高质量的版权资源将是文化产业能否实现发展的关键。

加大版权贸易政策扶持力度，完善公共服务体系建设。"政府推动、企业主导、市场运作"，是我们一贯坚持的开展版权贸易的基本机制。当前，我国的版权贸易还不是一个强势的行业，也没有建立成熟、完善的发展渠道，还需要政府结合提升国家软实力、推动文化"走出去"和促进文化产业发展，不断加大政策扶持力度。当前，中央政府实施了一系列政策，如文化产品和服务出口税收减免政策及相关激励机制、支持重点出版企业申办出口权，协调国内金融机构为外向型出版企业、工程项目加快发展提供必要的信贷支持等。北京、上海等地也陆续对计划和正在建设的版权贸易基地给予土地使用、资金和体制等多个方面的特殊优惠政策。今后，政府还将继续在相关的政策制定和资源配置上加大政策支持的力度和广度。

政府部门要加快公共服务体系建设，这是开展版权贸易的重要保障：要加快完善作品自愿登记制度，使作品创作出来后通过登记通道直接进入数据库，广泛地向社会提供作品信息，便捷作品的交易；要探索建立版权评估体系，通过第三方评估体系，分析作品的潜在价值，为降低交易成本和风险提供保障；要建立覆盖全面、数字准确的版权贸易统计体系，提高统计工作服务版权贸易工作大局的能力。

大力推动作品创造，打造版权贸易平台。要注意从版权的创造、使用、管理和保护四个环节来把握版权贸易的发展，积极推动版权的创造工程。版权的创造是版权贸易的基础，创新不足是我们当前面临的第一位的问题。出版从根本上讲，是首先有创作的作品，然后才有可以出版的作品，这两者的关系永远是不能倒置的。我们应当树立尊重知识、尊重创造的理念，这仍然是产业发展的一个非常核心的问题。目前，国家出台了一系列政策并建立了各种基金来扶持文化领域的重大工程项目，如国家出版基金、文化创意产业基金、国家科学技术著作出版基金等，鼓励创造出更多更好的文化产品。我们要认真实施好国家有关版权创造工程，从源头上创作出质量高、品质好、有世界影响的好作品，实施好"中国图书走出去工程""中国图书对外推广计划"等一系列文化输出渠道工程，通过版权贸易途径将更多的好作品推向世界。

要解决好交易信息不对称问题，搭建常态化的贸易平台。现在，一方面，使用者因找不到好作品而苦恼，另一方面，有很多好的作品被埋没。要解决这个矛盾，需要搭建作品信息版权交易平台，在这个平台上，作品权利人和使用者的信息基本对称。这对双方实现快捷低成本的交易是很有意义的。虽然这是一个新的事物，但是符合文化发展的需要，符合市场的基本原则，也是有技术保障的。我们要依托较发达省市的优势版权资源，建设区域性版权贸易中心，为版权贸易活动搭建常态化的交易平台。这项工作只要看准了，下决心抓，一定能有大的成效。

调动和发挥出版单位在版权贸易中的主体作用。出版单位是独立的市场主体，是版权贸易的实施者和承担者，是版权贸易的生力军。当前，我国出版企业知名度低、实力弱，出版产品在国际市场上缺乏竞争力和影响力，是实施"走出去"战略面临的两个主要问题。因此，我们要鼓励、支持出版企业作为市场主体，按照市场规则开拓海外出版物市场，着力培育一批具有国际竞争力的外向型出版企业，创造和培育自身的出版品牌。要积极引入战略投资者，鼓励投资公司、银行、大企业进入版权贸易领域，开展质押贷款、评估作品价值、进行交易等，发挥资本在资源配置方面的积极作用。要善于利用高新技术，特别是数字化网络化技术，来提升版权贸易的深度和广度，降低成本，便捷交易，创造新的贸易模式。

要注重处理好引进、输出的质量和数量问题。现在我们热衷于把版权卖出去，有的图书多个版权打包很便宜地卖出去，但被束之高阁，并没有发挥效用，可能仅仅是为了统计数字的需要。我们一定要转变这个观念，版权输出不是为了统计上好看，而是文化"走出去"的必然要求。它要求我们提升文化产品的质量和覆盖率。现在我们只是在局部和个别品种上实现了突破，在版权贸易的整体上仍处于弱势，这不仅表现为版权贸易输出的品种不多，更表现为输出的品种质量不优、覆盖面小、影响力低。品种的数量不是最重要的。据统计，美国电影的品种世界第三（500多部），印度是第一（1000多部），尼日利亚是第二（600多部），我们国家是第四（400多部）。品种数量好像差距不大，但看播出时间差得太多，美国电影在欧洲播出时间占70%，在一些非洲国家播出时间更长。这就是品种的质量和覆盖率，这也是我们的差距所在。

加强代理人队伍建设，培养优秀的版权贸易人才。专业中介机构、经纪人和代理人是促进版权贸易、推动出版产业发展的一支重要力量。市场发育较健全、版权贸易活跃的美国有 600 多家版权代理公司，英国也有 200 多家。我国版权代理机构不多，规模小，对信息掌握得不够，信誉度、品牌知名度也不是很高，在国际版权市场上难以充分发挥作用。

随着出版单位转制、重组、兼并进程的不断加快，我国的出版格局将发生很大变化。版权贸易作为一个战略性问题，其重要性将进一步得到提升。要按照市场需求和现代企业制度要求，鼓励扶持版权代理机构的发展，提高版权代理服务机构市场化程度，推动大中型版权代理机构业务综合化、集团化和小型版权代理机构业务专门化、特色化。要加速我国版权中介经纪人和代理人队伍建设，提高版权代理机构运作的规范性和诚信度，尽快培育出能对版权贸易起重要支撑作用的版权代理公司。

在出版产业改革发展到关键期、金融危机和出版业大重构的背景下，认真思考版权贸易问题，我觉得是很有现实意义的。只要政府、企业、中介按照各自的职责范围，按照市场经济规律，按照国际贸易规则，齐心协力，共同推动，版权贸易一定能再上新台阶，打开新局面，共同为中华文化的创新、发展与"走出去"做出新的更大的贡献。

（本文根据作者在 2009 BIBF 北京国际版权贸易研讨会上的讲话整理，有删改）

我们有能力解决网络环境下的版权问题

（2009 年 11 月 20 日）

互联网给传统版权制度带来的挑战，是一个需要全球共同面对的问题，而不是传统意义上的"南北争议"。大家最近都很关注谷歌的问题，很多人认为谷歌的问题是中国和美国的问题，实际上谷歌的问题是美国的传统出版者、作者与数字产业的冲突问题，这样的争议延展到世界各国也包括中国。解决的方式是什么？答案不是取消版权制度。著作权制度发展三百年，它的包容性是很强的，制度在不断地完善，包容了更多的人类知识要素，并促使这些知识要素在市场条件下有序流动和结合。人类创造了互联网，就应该有能力来解决互联网的问题。必须在著作权制度的基本原则基础上寻求新的观念突破、新的理论建构和新的制度设计。要有创新和突破才能破局，但这种创新和突破不能背离著作权制度的基本精神。

1709 年，英国议会通过了世界上第一部著作权法——《安娜法》。三百年来，在技术进步和社会需求两个轮子的推动下，现代版权制度发生了巨大的变化。首先是受版权保护作品的种类、权利的种类日益丰富，从版权制度刚刚诞生时仅限于图书这样单一的作品介质，发展到声光电等作品介质，现在又发展到网络环境下的作品和权利。版权权利人、使用者的范围也已经扩展到社会大众。在中国，版权制度起步较晚，1910年清朝政府颁布了《大清著作权律》，但这是一部没有真正实施的法律。新中国成立以后，真正开始实施版权保护是在改革开放之后。

改革开放到现在，已有三十余年的时间，这对个人来讲是非常漫长的，但在社会历史进程中却是非常短暂的。回想一下，三十年前版权在中国是一个什么样的情形，二十年前、十年前是一个什么样的情形，我们可以深切感受到版权制度在中国发生了巨大的变化，版权在深刻地影响着社会。时代在进步，中国的版权事业也有了快速发展。我们现在感觉到，版权已经是一个任何人都不能忽视的问题，这不仅仅因为我们每个人都需要使用版权作品，另外很重要的一个方面，就是我们不能忽视版权给经济生活、社会生活所带来的巨大变化。现在人们已经不仅仅把版权作为个人的权利，我们越来越清醒地看到，版权对经济发展的推动作用越来越大，版权日益成为经济发展的战略性资源和国际竞争力的核心要素。美国国际知识产权联盟的统计显示，美国版权产业在GDP和就业量中的比重已经分别超过了6%和4%，对

2007 年美国经济的总体增长贡献率达到了 22%，成为国民经济各行业中生产率最高、成长最快的部门之一。所以，版权已经不仅是个人的权利，而且成为推动社会进步的一支重要力量。

我们应对国际金融危机的过程，实际上已成为一场新的科技竞赛、知识产权竞赛。我们已经充分认识到，保护包括版权在内的知识产权，是中国转变经济发展方式、缓解环境资源约束、提升国家核心竞争力的内在要求，加强知识产权保护，符合中国自身发展的长远利益。2008 年 6 月，国务院颁布《国家知识产权战略》，把知识产权问题上升到国家发展战略的层面，这是前所未有的。在 2009 年的政府工作报告中，温家宝总理把知识产权战略、科教兴国战略和人才战略并称为推动中国建立创新型国家的三大战略。所以，我们一方面感到版权事业取得很大成绩，面临着很好的机遇，前途非常光明；另一方面也感到责任和压力很大，还存在着很多问题。2009 年中国版权年会的主题是"数字环境下的版权资源开发和价值提升"，我想，从这个主题中也能看出，版权工作面临着前所未有的机遇和挑战。

目前，我国互联网用户已经有 3 亿多人，其中绝大多数是宽带用户，手机上网用户也超过 1.5 亿人，显示出巨大的市场规模和发展潜力。根据互联网实验室分析，到 2011 年，互联网的发展会迈上一个新的台阶，中国的网民将达到 5 亿—6 亿人，网络将深入社会生活的方方面面，互联网将深刻地改变人们的思维和生活方式。但与此同时，互联网改变了传统的信息拥有者、传播者和使用者之间的利益格局，网络环境下的版权问题也越来越凸显。

第一，大量的数字作品在互联网上使用，应该遵循一个什么样的原则？这是我们不能回避的现实问题。经过几年的发展实践，大家都已经意识到，在互联网发展的过程中，版权是绕不开的一个话题。第二，互联网给版权带来了什么问题？互联网给传统版权制度带来的挑战，是一个需要全球共同面对的问题。在 2009 年的世界知识产权组织成员国大会上，新任总干事高锐先生在工作报告中指出，世界知识产权组织现在面临的最大问题是互联网环境下的知识产权问题，而不是传统意义上的"南北争议"。互联网环境下的知识产权问题是什么？大家都知道，主要是版权问题。大家最近都很关注谷歌的问题，很多人认为谷歌的问题是中国和美国的问题，实际上谷歌的问题是美国的传统出版者、作者与数字产业的冲突问题，这样的争议延展到世界各国，也包括中国，所以这是一个全球的问题。解决的方式是什么？答案不是取消版权制度（虽然在出现困惑的时候，当互联网环境下授权问题难以解决的时候，有人提出过这样的问题），而是发展它。著作权制度发展三百年，它的包容性是很强的，制度在不断地完善，包容了更多的人类知识要素，并促使这些知识要素在市场条件下有序流动和结合。因此，互联网现在面临的版权问题也需要我们用一种积极的态度来看待。人类创造了互联网，就应该有能力来解决互联网的问题。

现在，无论是政府层面还是学术界，无论是产业界还是权利人组织，都开始思考这个问题并逐步达成共识，开始进行合作。大家共同认识到，这个问题必须在遵循著作权制度基本原则的前提下解决，而不能寻求其他的模式，不是在虚拟世界有一个著作权制度，在现实生活中又有一套著作权制度。因为著作权制度从产生到现在，它不断适应人类实践的发展，并在不断地解决前进中的问题。

现在大家讲到的困惑是什么？一方面，使用作品须经授权的基本原则是不能发生变化的，这是著作权的基础；另一方面，我们在网络环境下按原有的方式又不能解决使用授权问题，似乎形成了一个悖论。我们非常赞成现在知识产权界以及相关产业界就这个问题开展的积极讨论，这种积极的讨论使我们认识到，我们必须在著作权制度的基本原则基础上，寻求新的观念突破、新的理论建构和新的制度设计。要有创新和突破才能破局，但这种创新和突破不能背离著作权制度的基本精神。著作权的基本精神是什么？是鼓励创新，鼓励知识创造，而且在尊重知识创造的前提下寻求各种授权的使用方式，这是最基本的原则。另一个原则是我们需要找到一个平衡点，使权利人和使用人之间达到一个平衡。找不到这个平衡点，我们可能难以解决问题，找到这个平衡点，就能推动网络环境下的版权发展向前进一步。

所以，我们赞成修订现有的著作权制度。法律制度不是墨守成规的，要根据实际情况进行创新和突破。在这样的前提下，我们特别希望大家都能够充分认识到互联网环境下版权的价值。挖掘版权的价值首先要承认版权作品（各种形式的版权作品）是人们智力劳动的成果，要承认版权的价值，要尊重智力成果的创造。同时，要加强对互联网环境下版权的保护力度，对恶意、随意大量使用他人作品的使用者，要按照现行法律法规进行查处，否则网络环境下的版权秩序就会发生混乱。当然，我们还要不断完善版权中介和社会服务体系，积极解决授权问题，以利于科学文化作品在网络环境下的广泛传播。我相信，通过我们大家的共同努力，网络环境下的版权创造、运用、保护和管理水平必将大大提高，必将推动互联网产业的大发展。

（本文根据作者在 2009 中国版权年会上的讲话录音整理而成，有删改）

中国版权制度的实施与展望

（2010 年 10 月 14 日）

  中国只是在立法层面、制度建设层面走过了这个历程，实现了与国际规则接轨，在版权保护水平、社会公众的版权意识方面与发达国家还有较大差距。不能用超现实、超阶段的眼光看待版权保护，认为中国现在就要达到发达国家的保护水平，这既不可能，也不现实。同样，我们也不能用自然主义的态度对待版权保护，不能姑息侵权盗版，任其自然。知识产权制度的最终目的应该是让更多人受益，有益于人类社会健康、可持续的发展。因此，我们要构建的版权制度应该是有利于作品的创作与保护，有利于促进作品的传播与使用，我们不赞成版权保护绝对化，更不能使版权制度成为知识传播的壁垒。我们也关注知识产权如何有助于缩小知识鸿沟，让发展中国家和最不发达国家更多地参与其中，共同受益于创新和知识经济。

一

　　2010 年是我国版权史上非常值得纪念的一年：一百年前，中国第一部著作权法——《大清著作权律》诞生；二十年前，新中国第一部著作权法颁布实施。虽然早在宋代，中国就出现了版权的萌芽，但现代意义上的版权制度却是在 1905 年沈家本先生考察列国法律制度后引入的，这比英国的《安娜法》晚了二百年。《大清著作权律》的诞生，开启了中国版权史的一个新时代。尽管这部版权法命运多舛，实施一年便寿终正寝，但它的结构编制、权利种类、救济模式、权利限制以及经由这部法律所张扬的权利理念都深深地影响着之后的历史。

　　新中国的版权法律体系建设是改革开放以后启动的。在中华人民共和国成立后相当长一段时间里没有"版权"的概念，更没有版权制度，作者的创作得不到法律保护。1979 年，开始草拟版权法；1990 年，《著作权法》颁布实施，结束了新中国在版权保护方面长期没有专门法律的状况。此后，我们先后颁布实施了《著作权法实施条例》《计算机软件保护条例》《著作权集体管理条例》《信息网络传播权保护条例》和《广播电台电视台播放录音制品支付报酬暂行办法》，建立了既具有中国特色又符合国际规则，既适应市场经济要求又体现新技术发展态势的比较完备的版权制度。现行的中国版权制度具有以下几个特点：

一是与国际规则相衔接。在 1990 年中国《著作权法》颁布实施后，我们积极加入国际版权相关条约，先后加入了《世界版权公约》《保护文学艺术作品伯尔尼公约》《录音制品公约》《与贸易有关的知识产权协定》《世界知识产权组织版权条约》及《世界知识产权组织表演和录音制品条约》等主要的版权国际公约，积极履行国际义务，并且两次修订《著作权法》。可以说，中国版权法律体系已达到了国际通行的版权保护标准，是与国际版权规则相衔接的。

二是实施司法与行政并行的双重版权保护体系。这是中国版权制度的一个显著特点和基本优势。由于我们实施版权保护的时间还不长，法制基础较为薄弱，市场经济还不完善，且处于社会转型期，在市场上存在的大量侵权盗版行为如果都通过司法途径解决，几乎很难实现。因此，大规模的侵权盗版行为由行政机关查处，疑难复杂的案件采取民事诉讼救济措施解决，既可以实现复合保护，有效发挥各自的优势，又可以促进行政机关依法行政、提高水平；既发挥了司法保护在版权保护中的基础性、主导性作用，又发挥了行政执法及时、快捷、高效的优势。从长远看，司法保护要发挥主导作用，但现阶段行政保护还应该加强。实践表明，版权双重保护制度符合我国的国情和发展现状，对有效打击侵权盗版活动、保护权利人的合法权益、维护版权市场秩序都发挥了重要而积极的作用。

三是充分关注新技术带来的著作权问题。虽然中国的版权保护时间较短，但我们与各国一样面临着数字网络技术给版权制度带来的诸多问题。对此我们充分关注，积极应对：2001年修订了《著作权法》，增设了信息网络传播权；2006年5月国务院颁布《信息网络传播权保护条例》，对信息网络传播权的保护做出了详细的规定；2007年6月，《世界知识产权组织版权条约》和《世界知识产权组织表演和录音制品条约》在中国正式生效；同时，中国政府不断加强法律的有效实施，严厉打击网络环境下的侵权盗版活动。

四是以人为本，体现了对弱势人群的关怀。中国著作权法针对"将已发表的作品改成盲文出版""通过信息网络向盲人提供已发表的文字作品"等情况规定了合理使用制度；同时规定了为扶助贫困，通过信息网络向农村地区的公众免费提供中国公民、法人或者其他组织已经发表的种植养殖、防病治病、防灾减灾等与扶助贫困有关的作品和适应基本文化需求的作品时，对权利人的权利进行了一定的限制。这些规定都体现了中国的国情，体现了中国政府为增进残疾人、边远地区贫困人群的福利所做的努力。当前，世界知识产权组织正在为视障人士更便利地获得作品制定示范性文件，中国积极参与、大力支持世界知识产权组织在这方面的努力。令我们感到欣慰的是，这一问题在中国已得到初步解决。

二

与西方版权保护三百年的历史相比，中国版权保护的历史还很短。在三十年前，几乎很少有人知道"版权"的概念；经过三十年的发展，现在"版权"已成为社会生活中出现频率非常高的一个"流行词语"，引起了全社会的关注。从整体上看，我国的版权制度实施情况良好：打击各类侵权盗版成效显著，2000 年至 2009 年，执法部门共查处案件8.3 万起，收缴各类盗版制品 7.1 亿多件；2005 年以来，我们连续五年开展打击网络侵权盗版专项治理，共查办网络侵权盗版案件 2621 件，依法关闭 1198 个侵权盗版网站，移送司法机关案件 91 起；2009 年全国法院系统共审理版权民事案件 15000 多件、刑事案件 86 件，其中番茄花园网站盗版微软 windows 软件案等案件的处理得到广泛关注和好评；音乐、音像、文字、摄影、电影等领域的著作权集体管理组织也相继建立，正在积极开展工作，运行情况良好，社会公众对集体管理也逐步接受并认可。

中国在推动版权保护方面取得的成绩也得到了国际社会的肯定。世界知识产权组织总干事加利认为，"中国在知识产权方面取得的成就不仅表现在专利、商标的申请以及版权作品的创作方面位居世界前列，而且在通过保护、运用知识产权促进经济社会发展方面也取得显著成效"。前总干事鲍格胥博士曾经评价："中国在不到二十年的时间，走过了发达国家上百年的历程。"

当然，我们也要清醒地认识到，中国只是在立法层面、制度建设层面走过了这个历程，实现了与国际规则接轨，在版权保护水平、社会公众的版权意识方面与发达国家还有较大差距。我们要用历史的眼光来看待这一问题。欧美发达国家也都经历了版权制度逐渐成熟这一过程。在英国《安娜法》产生的时期，欧洲、美国翻译、盗印作品成风。美国、加拿大、荷兰、比利时一些出版商大量盗印英国、法国的图书，英法的很多出版商因此而破产。世界上第一部国际版权公约——《伯尔尼公约》就是在这样的背景下，在雨果、左拉、狄更斯等大文豪的积极推动下缔结的。忘掉历史、忽视事物发展阶段的一味指责是利己主义的，是不客观的。我们认为，不能用超现实、超阶段的眼光看待版权保护，认为中国现在就要达到发达国家的保护水平，这既不可能，也不现实。同样，我们也不能用自然主义的态度对待版权保护，不能姑息侵权盗版，任其自然，也不可取。这既损害创作者的积极性，也会损害国家利益和公众利益。加大保护力度仍然是当前版权工作的重点，我们要不断加以总结、改进和提高。

基于此，中国政府把知识产权上升到国家发展战略层面，出台了《知识产权战略纲要》。在加大版权保护方面，专门设立了打击侵权盗版行为奖励资金，开展了一系列卓有成效的行动。在版权宣传、推动版权资源交易、软件正版化等方面，还投入大量行政资源开展了富有中国特色的、创新型的实践活动：

——举办"中国国际版权博览会"，通过版权专题研讨、优秀版权作品展览展示、项目推介、版权投融资等形式，推动版权产业的交流、交易和成果展示，得到了全社会和国际知识产权界的广泛关注，吸引了40多个国家和地区的版权相关产业和50多个相关国际组织参展，成为中国版权产业国际交流的品牌盛会。

——积极推动建立版权交易平台和版权价值评估体系，构建规范快捷、低成本、方便权利人和使用者双方进行交易的良性机制，推动版权智力成果的运用及商品化、产业化，在北京、上海等地建立了北京朝阳国际版权交易中心、北京雍和科技园国际版权交易中心、上海产权交易所版权交易中心等，交易活动活跃。

——大力推进软件正版化工作，在基本完成政府部门软件正版化后，国家版权局牵头建立了九部委推进企业软件正版化联席会议，在大型国企、外资企业开展推动企业使用正版软件工作。截至2010年2月，全国共有1.5万家企业基本完成使用正版软件工作目标，129家中央企业集团总部已经全部实现了软件正版化，推进企业使用正版软件工作取得阶段性成果。

——举办"守望我们的精神家园：版权保护——百名歌星大型演唱会"，这是继 20 世纪 80 年代国际和平年百名歌星演唱会、90 年代世界环保年百名歌星演唱会之后，又一场百名歌星参与的盛大主题活动。有上亿听众通过转播收听了演出的实况，通过这种公众喜闻乐见的方式宣传版权，提高公众的版权意识。

——开展版权保护中学生主题教育活动，向全国大中城市的三百余万名中学生发放了版权保护宣传图书，通过读书活动、知识竞赛、版权专家对话等，在青少年中掀起了宣传普及版权知识的新热潮。这可能是世界上人数最多的一次版权宣传教育活动。

这些活动是我们在新时期推动版权事业发展的新实践，在国际范围内来看也是具有创新性的，对营造良好的知识产权社会氛围产生了十分重要的作用。

三

中国的版权制度起步晚，从《著作权法》颁布到现在也只有二十年时间，在发展过程中还有很多问题：如侵权盗版问题、创新不足问题、公众认识问题，等等。这些问题，有些是发展时间短而存在的阶段性问题，有些是法律体系应予完善的制度性问题，有些是技术进步带来的新问题，有些是我们自身发展中的问题，也有各国共同面临的问题。这些都需要我们具体分析，实事求是，结合实际情况逐步解决。

知识产权制度的最终目的应该是让更多人受益，有益于人类社会健康、可持续的发展。因此，我们要构建的版权制度应该是有利于作品的创作与保护，有利于促进作品的传播与使用，我们不赞成版权保护绝对化，更不能使版权制度成为知识传播的壁垒。众所周知，版权并非是一种绝对性的知识财产所有权，相反，它体现的是一种动态的平衡。一方面，它赋予了作者一系列适当的权利，鼓励他们更多地创作和传播原创性的作品；另一方面，它又吸引着后续作者及受众以专有权以外的一切方式使用既有的作品，由此促进公共教育和文化的发展。我们应立足于知识产权法哲学层面来思考制度构建问题：我们应该完善什么、修订什么、限制什么、保护什么。如版权保护限期问题，是不是越长越好，值得我们从鼓励创新、又使更多人受益的角度来思考。大家都主张很好地平衡作品的保护和作品的使用问题，应当在国际法的框架下，从实际出发，勇于探索、勇于创新，在版权制度设计与实践中使这一原则得以体现。

我们也关注知识产权如何有助于缩小知识鸿沟，让发展中国家和最不发达国家更多地参与其中，共同受益于创新和知识经济。我们必须强调，加强知识产权保护的努力应该是促进而不是阻碍各国尤其是发展中国家发展经济、消除贫困。保护知识产权不能离开各国的国情。中国是一个发展中国家，有 13 亿人口，大多数在农村，地区发展很不平衡，人均 GDP 刚刚达到 3000 美元，面临着很多发展问题。让贫困人口得益于知识和创新，进而享受发展的机会，是一种道义责任和社会责任。目前，世界知识产权组织正在组织发展议程、民间文艺、传统知识等议题的讨论，我们关注并积极支持这些议题取得进展，希望以此来推动发展中国家从中获益。

当前，中国提出建设创新型国家、全面实施国家知识产权战略，把知识产权工作摆到了更加突出的位置，提出了更紧迫、更高的要求，也为中国知识产权事业的长足发展提供了难得的机遇。版权作为知识产权的重要组成部分，在建立创新型国家过程中必将发挥更大的作用，并在以下四个领域取得突破性进展：

（1）版权法律制度将更加完备。考虑到《著作权法》自 1990 年颁布实施以来，只有在 2001 年为加入 WTO 和 2010 年进行了局部修改，二十年来尚未进行一次全面修订，我们将根据新技术的发展和实践的需要，积极推动《著作权法》的全面修订和《著作权法》配套法规规章的适时出台。完备的版权法律体系必将为各类文学、艺术和科学作品的创作、管理、保护和运用提供坚实的保障。

（2）版权保护将实现根本性好转。当前，版权工作的主要矛盾凸显在执法方面。今后，我们将进一步加强司法和行政保护的衔接，强化刑事打击力度，提高版权管理和执法能力，重点打击以营利为目的的集团性侵权盗版犯罪活动，使侵权盗版行为得到基本遏制，版权市场环境得到显著改善。最终我们将形成刑事、民事、行政以及社会调解机构四位一体的完备的版权保护体系。

（3）版权智力成果作为重要的生产要素和财富资源在促进文化等相关产业发展中的作用将更加显著。作品的创作将更加丰富，作品的交易和使用将更加便捷，版权智力成果的应用和转化将更加广泛，新闻出版、广播影视、文学艺术、文化娱乐、广告设计、工艺美术、计算机软件、信息网络等版权相关产业对国民经济的贡献率将进一步提高。版权社会服务体系将更加完善，一大批适应市场经济需要的版权中介组织、行业协会和各类集体管理组织将在推动版权智力成果的运用及商品化、产业化和市场化过程中发挥更大作用。

（4）版权保护将植根于人们的内心，成为公民自觉的法律习惯和良好的道德规范。社会公众对版权保护的认识水平和道德观念是一个远比法律和执法更为艰巨的任务和更为重要的问题。随着社会的发展、人们生活水平的提高和版权意识的不断普及，版权保护社会意识将得到很大提升，全社会将形成"尊重知识、尊重劳动、尊重人才、尊重版权"的良好氛围。

展望未来，我们有充分理由相信，中国的版权事业必将迎来广阔而又更加美好的明天！

（本文为作者在中国著作权法律百年国际论坛的演讲，有删节）

21 世纪是版权的时代

（2011 年 5 月）

英国的著名学者霍金斯因最早提出"创意产业"概念而被称为"创意产业之父"。在 2009 年北京国际版权博览会期间，我和他曾讨论过版权与文化的关系。他当时在黑板上画了一个洋葱，并解释说，洋葱代表文化，而版权就是洋葱的内核。如何实现由文化大国向文化强国的转变？主要是两个途径：一是要把我国最为丰富的文化资源、具有潜在价值的版权资源挖掘出来；二是要有能力把优秀的作品依靠市场原则最大限度地传播出去。任何一个国家，只有把文化资源通过创作转化为可支配的版权资源，只有在广泛拥有最具价值的版权作品、版权资源的基础上，才能占领文化发展的制高点，实现文化的繁荣发展。

2006 年，我和中国版权代表团访问日本。访问期间，日本学者梅田久送我一本新出版的关于知识产权的专著，并特别告诉我，书中提出了这样的观点："20 世纪是专利的时代，21 世纪是版权的时代。"这个观点并不是说版权对经济和社会的作用超越了专利，更不是说版权将要替代专利，而是基于一种潮流、一种态势的判断。

以下几点是值得我们重视的：

（一）21 世纪的版权，具有最广泛使用的特征

从版权制度诞生的那一天起，作品就摆脱了小范围手工传抄的樊篱，从个别贵族文人才能享有的精神文化需求逐渐扩展开来，这个过程已达三百年。在这三百年间，不间断的创新，使作品的种类不断繁衍增多，作品的权利不断增多，社会为公众提供精神文化产品的方式和数量不断增多。从唯物主义的角度看，这些因版权而复制的文化产品品种、形式、数量的增多，又是在不断产生的社会需求的刺激下才成为可能。如同社会发展是由缓慢行驶到不断提速进入快速发展期一样，著作权发展的前两百多年也是较为缓慢的，进入20 世纪开始提速发力，因新的复制技术和新的传播技术的发明，出现了更多介质的文化产品，如电影、电视、音像、软件以及互联网传播等。可以说，21 世纪的版权既拥有最为广泛的创作者、权利人，也拥有最为广泛的使用者（这里指终端消费者）。

（二）21 世纪的版权，具有显著的产业特征

版权制度产生于工业社会之初，当时虽然版权的财富属

性已经显现，但它在经济与社会中的权重很低。当时，推进社会发展特别是推动经济发展的动力，主要是机器的力量，这也是工业社会的基本特质。到了后工业社会时期，推动社会进步、经济发展的驱动力量发生了转变，从依靠机器变成依靠创新以及对创新成果的使用。在这个背景下，知识经济应运而生，知识产权的创造、使用、管理与保护成为潮流。而版权也不再是"文质彬彬"，人们发现版权在满足文化需求的同时，也具有很强的财富属性。一本书、一部电影不仅给人们带来精神欢愉，也为出版商、制片商带来巨大的利润。版权的产业特性不断凸显。美国最早提出了"版权产业"的概念，按照美国国际知识产权联盟的最新统计数据，美国总体版权产业增加值占美国 GDP 的 11.05%，核心版权产业增加值占 GDP 的 6.44%。与此同时，世界知识产权组织从 2002 年起，着手开展版权产业的经济贡献率调研，相继对英国、新西兰、荷兰、德国、奥地利等多个国家的版权产业进行了近十年的跟踪分析，得出的结论是：版权产业在经济和社会发展中的贡献率远远高于其他传统产业的贡献率，在所调研的国家中，版权产业的增长率几乎是该国 GDP 增长率的两倍。中国国家版权局和世界知识产权组织联合进行了一项为期三年的调研，调研采用了国际通用的方法和指标体系。这项调研的结论是，2006 年，我国版权产业的增加值占全国 GDP 的 6.4%。不仅如此，版权产业基于对受版权保护的智力成果的运用，具有绿色、低碳、减排的特征，这在我国坚持科学发展、大力转变发展方式的今天，更是具有重要的现实意义。

（三）21世纪的版权，将成为文化发展的制高点

先要讲一下文化和版权的关系。英国的著名学者霍金斯因最早提出"创意产业"概念而被称为"创意产业之父"。在2009年北京国际版权博览会期间，我和他曾讨论过版权与文化的关系。他当时在黑板上画了一个洋葱，并解释说，洋葱代表文化，而版权就是洋葱的内核。这个比喻很形象。文化先于版权，已存在了几千年，而版权却只有三百年的历史，为何说版权是文化的内核呢？因为版权诞生以后，任何文化产品都不可避免地打上了版权的烙印，当作品创作出来以后，创作者享有版权，使用者需得到授权方可复制、传播他人作品，销售者方可销售以任何方式复制的各类文化产品。没有脱离版权的文化产业。任何一个文化企业，只有在依法获得了最好的版权作品、版权资源后，才能获得最大的市场，才能实现最好的发展。我国是文化大国，但还不是文化强国。如何实现由文化大国向文化强国的转变？主要是两个途径：一是要把我国最为丰富的文化资源、具有潜在价值的版权资源挖掘出来；二是要有能力把优秀的作品依靠市场原则最大限度地传播出去。任何一个国家，只有把文化资源通过创作转化为可支配的版权资源，只有在广泛拥有最具价

值的版权作品、版权资源的基础上，才能占领文化发展的制高点，实现文化的繁荣发展。

（四）21 世纪的版权，将更加体现国家意志

版权是私权，但它的广泛使用和传播所产生的经济意义和社会影响远远超越权利人和使用者的民事关系范畴。当我们一些学者不断强调版权的私权特征时，我们发现美欧等发达国家和地区却赋予了版权更多的国家意志。在关贸总协定演变为 WTO 的过程中，知识产权被纳入其中，就淋漓尽致地表达了发达国家的意愿。现在，美欧等发达国家和地区在知识产权特别是版权问题上毫不让步，不断诉诸多边、双边条约，以维护其在知识产权领域的优势。与之比较，我们尚不够主动从容。对此，我们必须大力加强知识产权法制建设、管理体制建设和队伍建设，必须在遵守国际规则的前提下，以维护国家利益为出发点，以国家意志、国家力量对待知识产权问题，冷静妥善处理各类国际、国内版权纠纷，把握国际版权发展的新动向、新态势，积极主动地参与国际版权规则的讨论与制定，发挥我作为经济大国、文化大国应有的作用。

（本文为作者为《青春与版权同行——2010 全国大学生版权征文优秀作品选》一书所作的序，有删节）

积极开展著作权资产评估工作
促进文化创意产业科学发展

（2011年6月2日）

　　文化产业一般实物资产很少，其核心财富资源是其拥有的大量著作权无形资产。不能合理评估文化创意产品的著作权价值，必将制约文化创意产业的健康发展。由于著作权权利的复杂性和未来收益的不确定性，著作权资产评估一直是无形资产评估业务的难点。建立规范的著作权资产评估体系，不仅有助于解决文化创意企业融资难问题，也将带动资本市场和金融机构对文化创意产业的投资热情。

　　2011年5月，中国资产评估协会制定发布了《著作权资产评估指导意见》（以下简称《指导意见》），这是贯彻落实科学发展观、加快转变经济发展方式、实施国家知识产权战略的重要举措。《指导意见》的发布与实施，对推动著作权资产评估工作的规范化、专业化，推进版权的创造、交易、使用和管理，促进文化创意产业的繁荣发展，都具有十分重要的意义。

一

　　改革开放以来，我国经济社会持续快速发展，科学技术和文化创作取得长足进步，创新能力不断提升。随着知识经济和经济全球化的深入发展，知识产权日益成为国家发展的战略性资源和国际竞争力的核心要素，成为建设创新型国家的重要支撑和掌握发展主动权的关键。近年来，我国版权法律体系不断完善，版权保护水平不断提高，以版权智力成果为资源，建立在对版权作品规模性复制和传播基础上的文化创意产业发展迅猛，已成为我国国民经济发展的战略性新兴产业。

　　当前，随着以版权资源为核心的出版、动漫、影视、软件、网络与计算机服务等文化创意产业的迅猛发展，版权创造、运用、管理和保护中对版权作品价值评估的需求也不断增加。尤其是在企业融资中，著作权资产的价值评估正在成为文化企业与金融机构高度关注的重点，并成为促进文化创意产业发展、控制金融风险的关键。文化产业一般实物资产很少，其核心财富资源是其拥有的大量著作权无形资产。如果不能合理评估文化创意产品的著作权价值，就不能很好地搭建起文化创意单位与银行、投资人之间的桥梁，必将制约文化创意产业的健康发展。

　　由于著作权权利的复杂性和未来收益的不确定性，著作权资产评估一直是无形资产评估业务的难点。而缺乏专门的技术标准，使著作权资产评估业务更加困难，我国大量的文化产业的著作权资产评估业务处于停滞状态，难以真正发挥应有作用。

因此，建立规范的著作权资产评估体系，不仅能解决文化创意企业融资难问题，推进文化创意企业改制，进一步激发文化创造活力，促进版权贸易发挥积极作用，而且将带动资本市场和金融机构对文化创意产业的投资热情，极大地鼓励文化产品的创作和传播，更好地维护文化市场秩序，促进文化创意产业的健康有序发展。

二

国家版权局作为国务院版权行政管理部门，积极支持中国资产评估协会研究制定规范著作权资产评估的有关指导文件，并就加强著作权资产评估工作与财政部、中国资产评估协会进行了多次沟通与研究。此次《指导意见》的发布，广泛征求吸纳了相关部门以及权利人、使用者的意见，总结了多年来我国著作权资产评估的研究成果和实践经验，在现有的资产评估准则体系基础上建立了专门的著作权资产评估标准，成为我国资产评估准则体系的一个有机组成部分。

该《指导意见》从著作权资产定义、著作权资产评估的基本要求、评估对象、评估操作要求以及评估披露等多方面，系统规范了著作权资产评估过程中需要遵循的原则和标准，初步解决了由于著作权资产评估对象的复杂性、原创著作权资产价值的衍生性，以及著作权资产的时效性等特性造成的评估难题，更加突出了专业性和创新性，在一定程度上解决了我国著作权资产评估缺乏专门准则指导的问题，为广大评估师、评估委托方、评估报告使用者和相关政府监管部门提供了有针对性的专业规范。

《指导意见》将在实践中与其他业务准则和职业道德准则有机结合、共同作用，为提升著作权资产评估水平，加强著作权资产评估业务的监管，防范著作权资产评估执业的法律风险，维护各方合法权益，提升评估行业公信力提供重要保障和有力支撑。

三

为了使《指导意见》在著作权资产评估实践中更好地发挥规范、指导作用，国家版权局和财政部、中国资产评估协会在著作权资产评估管理方面进一步加强沟通与合作，就版权评估的管理与技术服务建立长期有效的合作机制，对版权评估管理中遇到的一些政策性和技术性问题进行及时沟通，加强对版权评估有关问题的研究，保障《指导意见》的有效实施。同时，由于著作权资产评估在我国还属于新生事物，并且涉及面广，需要通过形式多样的宣传活动，让产业界对著作权资产评估的内容、作用有一个基本的了解，营造有利于版权评估管理和创意文化产业发展的良好环境，我们还要积极协助有关部门做好相关培训工作，加强对著作权资产评估人员的培训，使他们尽快成为著作权资产评估的专业人才。

我们期待《指导意见》的实施，在让我国资产评估管理水平和操作水平迈向新台阶的同时，也将在推动版权的创造、使用、保护和管理，促进经济发展方式转变，推进文化创意产业的健康发展等方面发挥更加积极的作用。

（本文原载 2011 年 6 月 2 日《中国新闻出版报》）

加强对遗传资源、传统知识
和民间文艺的研究和保护

（2011 年 11 月 20 日）

西方发达国家把知识产权问题看得很高、很重，特别是对于自己具有优势的知识产权，如专利、商标、版权、软件等，通过制定国际规则，采取有针对性的政策以及贸易措施予以保护。其在不同的国际多边、双边场合，不断强化知识产权意识，对这个被认为是私权的领域，赋予了更多的国家意志。而面对落后国家、发展中国家在知识产权领域中具有优势的遗传资源、传统知识和民间文艺却十分淡漠。这是不公平的。

伴随着经济全球化、文化多样化的脚步，遗传资源、传统知识和民间文艺的问题在更大的范围和空间被给予了更多关注。为了表述得更清楚，先对遗传资源、传统知识和民间文艺做一点说明：**遗传资源**一般是指动物、植物或者微生物等含有遗传功能单位并具有实际或者潜在价值的资源性材料。关于**传统知识**，依据世界知识产权组织（WIPO）有关文件的定义，是指"因传统范畴的知识活动而产生的知识内容或实质性要素，其中包括构成传统知识体系的诀窍、技能、创新、做法和学问，并包括体现原住民和当地社群的传统生活方式的知识，或存在于经整理的世代相传的知识体系中的知识。传统知识不局限于任何具体技术领域，可以包括农业、环境和医学知识，也可以包括与遗传资源相关的任何传统知识"。关于**民间文艺**，依据世界知识产权组织和联合国教科文组织有关文件的定义，是指"由具有传统文化艺术特征的要素构成，并由某一国家或地区的一个群体或者某些人创作并维系，反映该群体传统文化艺术期望的全部文艺作品"。民间文艺的表现形式与著作权客体相似，如古籍、古典音乐、古典美术、古典舞蹈、古典戏剧、古典实用艺术等。

可以看出，我们现在享有、享用的一部分科学发明、发现以及音乐、表演等，是基于这些由某些特定部落或群体代代使用沿袭的资源性材料和上述各类文化性的原始材料而创作产生的。虽然这些材料和要素的主体和客体尚不清晰，但它们是源泉，脱离了这些由特殊部落与群体代代使用并维系的材料与资源，就没有这些基于它们创作而成、又属于知识产权保护的智力成果，权利人也不可能享有，社会享用也无从谈起。

近年来，在发展中国家和有关国际组织的推动下，保护遗传资源、传统知识和民间文艺的立法与实施都取得了一些进展。这主要表现在两个方面：一是联合国教科文组织通过的《保护世界文化和自然遗产公约》（1972 年）、《世界文化多样性宣言》（2001 年）、《保护非物质文化遗产公约》（2003 年）、2007 年通过的《联合国原住民权利宣言》、1989 年国际劳工组织通过的《土著和部落人民公约》等一系列国际条约从国际公法的角度表达了保护原住民、特别是发展中国家原住民人权，包括保护其遗传资源、传统知识和民间文学艺术财产权与加强其地位的强烈愿望；二是世界知识产权组织于 2000 年成立的知识产权与遗传资源、传统知识和民间文学艺术政府间委员会，及其于 2006 年草拟的《保护传统文化表现形式/民间文艺表现形式：经修订的目标与原则》，从国际私法角度探讨了在民商事及精神领域保护民间文学艺术的国际规则制定。以上国际层面的这些努力，尤其是 21 世纪以来发生的这些变化说明了发展中国家及发达国家中处于弱势的原住民的一种觉醒。但是，与发达国家具有优势的知识产权规则制定与实施强度比较，反差仍然很大。

众所周知，传统知识产权包括版权保护的国际规则（其中以《与贸易有关的知识产权协定》为代表）早已由发达国家制定，其价值取向和利益倾向是有利于发达国家的还是发展中国家的，一目了然。在此背景下，发展中国家对其优势资源，例如遗传资源、传统知识和民间文艺希望予以保护的强烈愿望，包括知识产权领域及更广泛的精神领域建立新的游戏规则，实际上是对显然不利于发展中国家的既定规则的抗争。从这个意义上讲，保护原住民及其遗传资源、传统知识和民间文艺，无论是国际公法层面还是国际私法层面，都已超出纯法律范畴，上升为如何体现社会公正、种族平等，以及国际上已形成共识的"惠益分享"原则。在这个问题上，《原住民遗产与知识产权：遗传资源、传统知识和民间文学艺术》一书尖锐地指出："实际上，这个论题面临的突出挑战之一是两个根本不同世界的冲突：一个是原住民的世界，另一个是所谓西方文明的世界。"

近几十年来，西方发达国家把知识产权问题看得很高、很重，特别是对于自己具有优势的知识产权，如专利、商标、版权、软件等，通过制定国际规则，采取有针对性的政策以及贸易措施予以保护。其在不同的国际多边、双边场合，不断强化知识产权问题，对这个被认为是私权的领域，赋予了更多的国家意志。而对落后国家、发展中国家在知识产权领域中具有优势的遗传资源、传统知识和民间文艺却十分淡漠。由此可以看出，落后的、发展中的国家与发达的国家之所以产生冲突，原因在于发达国家只热衷于保护自己优势的知识产权，而无视发展中国家优势的、仅有的知识产权。这是不公平的。我们的观点是，既要保护美味的"法式大餐"，也要保护充饥的"面包"；既要保护影视大片、软件，也应该保护传统知识和民间文艺。中国作为全球最大的发展中国家，历史文化悠久、民族众多，在遗传资源、传统知识和民间文艺领域资源多、分布广，具有独特的优势。

但是，我们对于这个领域的研究还比较薄弱，国际规则制定与修改主动参与不够，国内的探讨与研究、立法与实践都存在着较大差距。许多有识之士都已认识到，这项工作不能等待，我们自己必须抓紧。在这一背景下，中国国家版权局组织廖冰冰、卢璐、刘硕等人翻译，中国民主与法制出版社出版了德国学者莱万斯基（Silke von Lewinski）博士编著的《原住民遗产与知识产权：遗传资源、传统知识和民间文学艺术》。该书归纳梳理了与这个主题相关的所有法律、规则，观点和资料，以科学求证的观点和勇气，从学者的视角，分析了保护遗传资源、传统知识和民间文艺的必要性，适用知识产权保护的利弊条件，并从国际层面、地区层面、国内法层面详细介绍了各种保护途径，其中既包括私法，也包括公法和习惯法途径。在我看来，莱万斯基博士所做的工作和这部著作在这个逐渐为国际更加关注的领域都是独一无二的，并将对遗传资源、传统知识和民间文艺的教学与研究、立法与实践提供有益的帮助。

［本文系作者为《原住民遗产与知识产权：遗传资源、传统知识和民间文学艺术》（中国民主法制出版社，2011）一书所作的序］

第三次修订《著作权法》的几个问题

（2012 年 4 月 25 日）

　　此次修法要深入比较研究并充分借鉴国际社会著作权法律制度，体现国际著作权法制发展动态。要妥善处理好创作者、传播者、使用者和社会公众利益的基本平衡，妥善处理好保护版权与保障传播的关系，既要防止权利滥用，又能保障权利行使，保持版权制度的动态平衡。不能抽象地讲"大修小修中修"，而是要从实际出发，着眼于解决现实中遇到的突出问题。要分清楚哪些是目前实践中迫切需要通过调整法律制度来解决的问题，哪些是法律执行中的问题，哪些问题是国际社会共同面对的，哪些问题是中国社会独有的，要找出问题、找准问题，深入科学地研究和论证解决方案。立足国情和实际，不能完全从"应当"出发，而是要扎根于而不是超越或者离开基本国情。在达到国际标准的前提下，充分考虑我国国情，从中国实际出发，使著作权法能够适应经济、社会、文化和技术进步发展的需求，有利于推动文化发展繁荣和各类文化作品的有效传播，使权利人实现自己的权益，作品得到广泛传播使用，公众获得更多的文化享受，公众受益、产业发展。

一、关于第三次修法的缘由

我国著作权法律体系建设是伴随着改革开放起步的。1979年1月，时任国务院副总理的邓小平同志率领中国政府高级代表团访问美国。中国国家科委主任方毅与美国能源部长施莱辛格就《中美高能物理协定》进行的谈判，因为美方提出的版权问题而陷入僵局。1979年4月，一份关于起草版权法并逐步加入国际版权公约的报告，由国家出版局呈递给国务院副总理耿飚，并转送给中共中央秘书长兼宣传部长胡耀邦，胡耀邦同志批复："同意报告，请你们尽快着手，组织班子，草拟版权法。"《著作权法》起草工作由此启动，拉开了人民共和国建立现代著作权法律制度的帷幕。

在当时的中国，著作权法的制定是一件大事，甚至还引发了思想领域的一场大讨论。有的人认为，作家既然拿了国家的工资，就不应该享有作品著作权；也有些人认为，著作权法一旦颁布，影印、重印外国书刊就要向外国人支付巨额的版权费，将影响我国的科研和教学工作。这些认识的存在，反映了当时国人知识产权意识的淡漠与混乱。经过不懈努力，克服重重困难，《著作权法》于1990年由七届全国人大常委会第十五次会议审议通过，并于1991年6月1日起施行。从着手起草到 1991 年正式实施,《著作权法》的制定历经十余年的漫长过程,标志着我国的版权事业开启了一个新时代。

《著作权法》颁布实施二十多年来,对开发、利用和保护知识资源,促进经济、文化、科技和社会发展,提高中国文化软实力,提升国家核心竞争力,促进中国文化在世界范围的传播提供了法律保障,版权在促进经济发展、文化繁荣和科技进步方面的作用越来越明显。

但我们也要看到,由于我国《著作权法》制定时尚处于计划经济时代,这部法律不可避免地带有计划经济的烙印。当前,中国发展进入新阶段,人均 GDP 已接近 5000 美元,今后将主要通过创新和创新成果的使用来推动经济社会发展,未来国家的核心竞争力将越来越多地体现在知识产权的竞争力上。因此,提高自主创新能力、推进创新成果使用,对中国调整经济结构、转变发展方式、实现可持续发展至关重要。而自主创新离不开知识产权制度的保障。党的十七大明确提出"提高自主创新能力,建设创新型国家"的战略目标;党的十七届六中全会提出推动社会主义文化大发展大繁荣,特别强调"加大知识产权保护力度,依法惩处侵权行为,维护著作权人合法权益"。正是在这样的大背景下,《著作权法》的修订被提上议事日程。

同时,我们要看到,随着高新技术特别是数字网络技术的迅猛发展,著作权法律制度遇到了严峻挑战。自 2001 年

《著作权法》修订第一次确认网络环境下的信息网络传播权以来，我国的互联网产业保持了高速发展的态势，网民规模、宽带网民数、国家顶级域名注册量三项指标已稳居世界第一，互联网已经成为重要的文化创作生产平台、文化产品传播平台和文化消费平台，越来越多的人把网络作为了解信息、浏览新闻、学习知识、休闲娱乐的主要渠道。大量的信息在互联网上传播，频繁涉及著作权问题，互联网版权问题充满挑战。在这种情况下，修订《著作权法》以适应技术发展的需要也迫在眉睫。

在知识产权三大基本法律中，《专利法》已于 2008 年 12 月全面完成了第三次修订工作，《商标法》第三次修订现在已经进入国务院审查阶段。相对于《专利法》和《商标法》，《著作权法》调整的社会关系更复杂、矛盾更突出、问题更多，是受到技术进步和社会发展影响最大的一部法律，而修法工作相对滞后，这是知识界普遍关心的一个大问题。2001 年和 2010 年，曾两次对《著作权法》部分条款进行了修订。第一次修订是为了满足加入世界贸易组织的需要，第二次修订是为了履行世界贸易组织关于中美知识产权争端案的裁决。这两次修订均具有被动性和局部性的特点，并不是为适应我国经济社会发展和科学技术进步的现实需要做出的主动、全面的调整。

因此，修改《著作权法》已成为近年来社会各界在知识产权领域的重点关切。这些呼吁不仅来自司法、行政和教学科研部门，而且来自著作权人和产业界。每年"两会"期间，人大代表和政协委员都会提出大量关于修改《著作权法》的建议、提案或议案。《著作权法》的修改完善对于贯彻落实科学发展观、推动经济发展方式的转变，对于实施国家知识产权战略纲要，提升我国版权创造、运用、保护和管理水平，对于贯彻落实党的十七届六中全会精神，为促进社会主义文化大发展大繁荣提供法律保证，对于进一步推进对外开放、提高国际影响力意义重大，刻不容缓。

二、关于第三次修法的思路和原则

一是要履行国际条约义务，并借鉴国际社会相关立法的成熟经验和做法。目前，我国已经先后加入六部国际著作权条约：《保护文学艺术作品伯尔尼公约》《世界版权公约》《保护录音制品制作者防止未经许可复制其录音制品公约》《与贸易有关的知识产权协定》《世界知识产权组织版权条约》以及《世界知识产权组织表演和录音制品条约》。我们要认真查找我国现行《著作权法》与我国加入的国际条约之间的差距，使我国《著作权法》达到相关国际条约的门槛，切实履行国际义务，树立我国负责任大国形象。同时，要密切跟踪和关注国际著作权制度发展趋势，借鉴国际社会相关立法的成熟经验和做法。当前，随着经济全球化和世界一体化的深入发展，世界各国、各地区都在不断完善著作权法律。由于发展阶段不同，发达国家和发展中国家在著作权领域的分歧将长期存在，为维护各自的经济利益和本国国际竞争力，各方都在积极争夺国际著作权规则调整的主导权。特别是近年来，在世界贸易组织、世界知识产权组织等多边谈判场合以及中美、中欧等双边谈判场合，版权问题始终是热点和焦点问题。为应对新技术条件下著作权的保护问题，世界各国和地区纷纷出台了一系列新的法律和制度，不断形成新的有重要影响的著作权判例。

因此，在此次修法中，我们要深入比较研究并充分借鉴国际社会著作权法律制度，使我国《著作权法》符合相关国际条约的规定，体现国际著作权法制发展动态。体现国际公约原则的关键是要把这些原则贯穿到条文之中，不能前后不一致，保持原则和条款的统一、逻辑的统一。

二是要妥善处理好创作者、传播者、使用者和社会公众利益的基本平衡，妥善处理好保护版权与保障传播的关系，既要防止权利滥用，又能保障权利行使，保持版权制度的动态平衡。自著作权法诞生以来，无论技术如何发展变化，"利益平衡"理论一直是著作权立法的基本精神和重要基础。既要有利于创造，也要有利于使用，还要有利于保护。新技术的每一次发展，都会打破当时的平衡状态，经过著作权法的革新而达到一种新的利益平衡。利益平衡原则既为著作权法的完善提供理论指导，也为具体的著作权制度设计提供基本准则。

在这次修法中怎样体现平衡性？我理解把产业发展和鼓励创新结合起来，把使用者和权利人结合起来，这就是平衡。我们要从平衡性的角度整体把握、思考制度构建问题：我们应该完善什么、修订什么、限制什么、保护什么。如关于修法的重点，我们面对的问题很多，但是层级不一样，重点不一样，有些问题到什么程度，需要我们认真思考。再如版权保护限期问题，是不是越长越好，值得我们从鼓励创新又使更多人受益的角度来思考。特别在当前互联网环境下，数字网络技术的发展，一方面增加了公众使用作品的机会，另一方面也显然削弱了著作权人对作品的控制。数字技术使既有的利益相对平衡状态被逐步打破，权利滥用或者权利行使困难时有发生。这次修法，必须充分听取、深入研究各方利益诉求，把握好利益平衡原则，妥善处理好创作者、传播者和社会公众的利益关系，很好地平衡作品的保护和作品的使用问题，一方面要保障著作权人合法权益，另一方面要有利于作品的传播和公共文化事业的发展。

三是要从实际出发，充分考虑我国国情。我们不能抽象地讲"大修中修小修"，而是要从实际出发，着眼于解决现实中遇到的突出问题。要分清楚哪些是目前实践中迫切需要通过调整法律制度来解决的问题，哪些是法律执行中的问题，哪些问题是国际社会共同面对的，哪些问题是中国社会独有的，要找出问题、找准问题，深入科学地研究和论证解决方案。立足国情和实际，不能完全从"应当"出发，而是要扎根于而不是超越或者离开基本国情。同时，我们还要关注一些发展的前瞻性。我主张要立足实际，解决实际问题，但也要有一些前瞻性，不可能时隔几年频繁修订。这也是中国立法和修法的实际。如2001年修订时增加了"信息网络传播权"，就具有一定的前瞻性。假如没有这条，就没有以后《信息网络传播权保护条例》的出台，就会遇到很多问题。

因此，我们修法的基本原则是：在达到国际标准的前提下，充分考虑我国国情，从中国实际出发，使著作权法能够适应经济、社会、文化和技术进步发展的需求，有利于推动文化发展繁荣和各类文化作品的有效传播，使权利人实现自己的权益，作品得到广泛传播使用，公众获得更多的文化享受，公众受益、产业发展。

三、关于第三次修法的进展情况

根据国务院领导批示和国务院立法工作计划，2011年7月，国家版权局召集相关部门和专家在京举行了"《著作权法》第三次修订启动会议暨专家聘任仪式"，标志着《著作权法》第三次修订工作正式启动。

为广泛听取社会各界意见和建议，我们成立了《著作权法》修订工作专家委员会，成员来自各相关部门、权利人组织、产业界、实务界、社会团体以及科研院所等部门。我们还邀请社会各界包括行政机关、人民法院、社会团体、科研院所、产业界、专家学者等近二百家单位和个人就《著作权法》修订工作提出意见。同时，为保证修法工作质量，国家版权局专门委托了三家教学科研单位（中国人民大学知识产权学院、中国社会科学院知识产权中心、中南财经政法大学知识产权研究中心）分别起草《著作权法》修订专家建议稿。在专家建议稿的基础上，2012 年 2 月下旬，形成《著作权法》修改草案文本，并召集专家对草案进行讨论和多次修改。3 月 31 日，国家版权局向社会发布了《著作权法（修改草案）》。

《著作权法（修改草案）》的内容主要包括：（1）将目前规定于行政法规中、应在《著作权法》中规定的一般性问题上升至法律中——主要是《著作权法实施条例》《计算机软件保护条例》《信息网络传播权保护条例》三部行政法规中的内容，如著作权产生时间、"三步检验法"、技术保护措施和权利管理信息等；（2）根据国际公约的基本要求，在现行《著作权法》中增加必要内容，使其与相关国际条约一致——如作者的出租权、表演者出租权、技术保护措施和权利管理信息等；（3）将实践证明行之有效的司法解释的相关规定上升到《著作权法》中——如著作权和相关权登记、委托作品的使用等；（4）将业界反复呼吁和实践中迫切需要的，在征求意见过程中初步达成共识的内容写入法律中——如著作权集体管理组织延伸性集体管理、实用艺术作品、信息网络传播权和广播权的界定、视听作品归属、职务作品归属、著作权专有许可和转让登记、著作权纠纷行政调解等。

这次修法，是在《著作权法》实施二十年的实践基础以及我国进一步扩大开放的背景下进行的，社会关注度高，我主张我们修法的每一步都要更加公开透明。我们不怕在修法过程中有分歧意见，不仅要请专家来讨论，也要在社会上公开讨论，这是很有意义的一件事情。公开透明的过程，是一个征求意见的过程，也是一个统一认识的过程，有些事经过讨论更能形成共识，达到平衡。现在，不仅很多权利人和权利人组织积极参与修法讨论，还有很多产业界人士加入，他们的希望和诉求，都应该在《著作权法》修订中有所体现。我们欢迎社会各界提出意见，集思广益，凝聚权利人、产业界、法律界等社会各界的共同智慧。在征求意见后，我们将进一步加快工作进度，修改完善草案，争取 2012 年年底提交国务院，2013 年提交本届全国人大，推动《著作权法》尽早修订出台。

（本文为作者在国家版权局《著作权法》修订工作专家委员会第一次会议上的讲话，原载《知识产权》2012 年 5 期，发表时有删改）

数字环境下的版权集体管理

（2012 年 11 月 29 日）

　　网络环境下的版权保护、授权机制问题已引起各国知识产权界的高度关注，成为全球共同面临的问题。越来越多的人开始意识到，著作权集体管理可能是解决数字环境下版权问题的关键。在数字环境下，集体管理所具有的对权利集中管理的优势得以凸显。集体管理为作品使用人提供了使用作品方便畅通的渠道，有利于数字环境下文学艺术和科学作品的广泛迅速传播，为广大的著作权人和海量的作品使用者之间搭建顺畅便利的桥梁。但制度优势还需要得到实践证明与社会认同。

　　著作权集体管理制度是著作权体系的重要组成部分，是衡量一个国家著作权管埋、保护水平的重要标志。自 1777 年世界上第一个著作权集体管理组织在法国诞生以来，著作权集体管理制度已经历了两百多年的发展历史。中国的著作权集体管理制度始于 20 世纪 90 年代。中国政府非常重视著作权集体管理制度的建立与完善。1990 年《中华人民共和国著作权法》颁布后，1992 年就批准成立了第一家著作权集体管理组织——中国音乐著作权协会。2005 年 3 月《著作权集体管理条例》颁布实施，这对于规范著作权集体管理活动提供了保障。此后，国家版权局、民政部相继批准建立了中国音像著作权集体管理协会、中国文字著作权协会、中国摄影著作权协会和中国电影著作权协会四家集体管理组织。五家集体管理协会基本覆盖了作品使用的主要领域。这些集体管理协会在保护作者权益、促进作品传播等方面开始发挥积极的作用，其信息优势、协调优势以及节约市场交易成本等优势已经得到初步的体现和发挥，积累了许多宝贵经验，正在得到政府、权利人和社会越来越多的支持与认同，中国的集体管理组织有着广阔、大有可为的发展空间。

但是，由于中国著作权集体管理制度起步晚、基础差，各集体管理组织在建立健全过程中，付出了很多艰辛，面临的问题和困难还很多。中国的著作权集体管理组织不仅要解决传统环境下的问题，还将与世界各国的集体管理组织共同面对新技术带来的挑战，特别是要解决社会公众版权意识还很薄弱这个最大的问题。借此机会，我想谈点个人看法，与大家探讨。

第一，著作权集体管理是解决数字环境下版权问题的重要途径。当前，网络环境下的版权保护、授权机制已引起各国知识产权界的高度关注，成为全球共同面临的问题。越来越多的人意识到，著作权集体管理可能是解决数字环境下版权问题的关键。在数字环境下，集体管理所具有的对权利集中管理的优势得以凸显。集体管理为作品使用人提供了使用作品方便畅通的渠道，有利于数字环境下文学艺术和科学作品的广泛迅速传播，为广大的著作权人和海量的作品使用者之间搭建顺畅便利的桥梁。但制度优势还需要得到实践证明与社会认同。著作权集体管理的管理模式、授权方式、收取和分配版权使用费的机制怎样适应数字网络技术的发展，需要各方的合作。中国非常愿意借鉴国外著作权集体管理组织的经验，也非常愿意与国际社会共同探索新技术条件下著作权集体管理的实现途径，以更好发挥集体管理的功能与优势。

第二，政府部门对集体管理组织的支持、指导和监管是有效开展集体管理的重要保障。考察各国集体管理组织的发展经验，为防止集体管理组织滥用权利，政府主管部门对集体管理组织的建立和业务活动进行必要的支持、指导、监督是非常重要的，以保证只有那些有能力提供必要的法律、专业和物质条件的管理组织才能开展业务，保证所有需要集体管理制度的权利人能充分利用这项制度，保证适当的集体管理基本原则得到尊重。在中国，由于集体管理还处于起步阶段，对政府而言，一方面要加大支持力度，另一方面要加强监管。这有助于集体管理组织尽快提升服务能力和管理水平，有助于更好地发挥集体管理的功能和作用，有助于防止集体管理组织滥用权利，保障著作权人、使用者和公众的利益。

第三，集体管理组织自身的完善是推进集体管理的关键。依法进行收费，按照理事会规则，依科学公正原则进行分配，获得权利人的拥护与支持是集体管理组织存在的基础。在《著作权法》第三次修订工作中，对集体管理有一些批评，原因是多方面的，但我们集体管理组织也要反省，哪些工作还做得不好，为什么集体管理组织的会员对协会也有意见。在起步阶段，集体管理出现一些问题是正常的，要正视这些问题，也需要很好地总结。集体管理工作必须体现权利人的意志，很好地为权利人服务。我们支持和鼓励集体管理组织按照版权保护的自身规律建立健全组织机构，建立规范透明、公正高效的管理制度。

著作权集体管理制度已经经历了两百多年的发展历史，但在中国只有二十年。我们还有很多不完善、不成熟、不尽如人意的地方。要学习国际经验，要面对中国实际，必须不断改进，不断完善，让它发挥更大的作用。下一步，我们将从以下几方面加快推进集体管理制度的建设：

一是完善法律制度。目前，中国正在进行《著作权法》第三次修订工作。在此次修法工作中，我们吸收各国的先进经验，结合中国实际，对著作权集体管理的相关规定做了调整和完善，增加适于著作权集体管理的权利，完善著作权集体管理制度。同时，国家版权局也在积极制定《教科书法定许可付酬办法》、修订《出版文字作品报酬规定》，为著作权集体管理组织提供法定许可收费标准。

二是加强监管。国家版权局、民政部作为《著作权集体管理条例》规定的监管部门，将依法严格规范著作权集体管理组织的业务活动。监管的重点，其一是要依法开展版权费收取工作，任何收费形式都不能与集体管理组织的性质和章程相冲突，不能有任何营利行为。其二是版权费的分配工作，分配办法要经过会员大会和理事会审议通过，要公开透明。授权的版权使用费除扣除必要的管理成本外，应当全部分配给权利人，管理成本要逐年降低，协会收入的分配等信息应该按照协会章程依法进行公开。其三是要依法查处未经批准开展的集体管理业务行为，整顿违规的稿酬收转机构。

三是强化自身建设。各著作权集体管理机构要不断总结经验，进一步加强自身建设，完善内部管理制度，健全会员大会、理事会和日常职能部门的架构，充分体现会员的代表性和参与性。要加快协会自律体制建设，强化自律管理和监督的有效性，及时发布相关信息，主动接受有关行政部门和社会公众的监督，以实际行动赢得著作权人和社会公众的支持和理解。从 2012 年年底到 2013 年年初，文字著作权协会、摄影著作权协会、音像著作权集体管理协会都将开展换届工作，要依照有关法规和协会章程，做好换届的各项工作。

四是积极宣传。由于集体管理在我国还属于新生事物，很多人连版权费的收取和分配这个概念都不知道，如何去支持你的工作？因此，在收费和分配的过程中，要通过多样的形式进行宣传，让社会各界都能对集体管理有一个基本的了解，这项工作现在做得还很不够。要做好与媒体的沟通协调工作，为我国著作权集体管理组织的健康发展创造一个良好的社会氛围。

五是加强国际交流合作。多年来，国际复制权组织联合会、国际作者和作曲者协会联合会等很多国际组织与中国国家版权局和各个集体管理组织有着良好的合作关系，为我们提供了宝贵的经验。此次联合举办国际研讨会，就是要为大家搭建一个交流、沟通、互相学习的平台，相信大家会有收获和启发。国家版权局将继续支持各集体管理组织加强国际交流与合作，不断提升自身实力，更好地为会员和产业界服务。

11 月初，刚刚闭幕的中国共产党第十八次全国代表大会强调，实施创新驱动发展战略，实施知识产权战略，加强知识产权保护，提出要把全社会智慧和力量凝聚到创新发展上来。这为版权工作提供了重要的发展机遇。当前，中国经济总量已跃居世界第二位，综合国力显著增强，知识在推动经济社会发展中的作用越来越大。我们相信，随着中国实施知识产权战略的不断深入，版权的创造、运用、保护和管理水平将不断提升。在此进程中，著作权集体管理必将发挥越来越重要的积极作用。

　　（本文系作者在数字环境下版权集体管理国际研讨会上的主题演讲，有删节）

关于出版、数字出版和版权的几个问题

（2012 年 12 月）

　　百度百科关于数字出版的定义是很不严谨的，在逻辑上属于重复定义。学者关于数字出版的定义为出版物的内容是数字化的，所有形式的内容都以计算机可识别和处理的二进制，就是 0 和 1 进行编码。无论终端介质是什么，只要介质是数字化的，并以二进制方式处理，这种出版物一定是数字出版物。如果按照以二进制方式处理的就是数字出版，那就可以推出，用油墨和纸张在印刷机上印制出来的，就是传统出版。所以这在逻辑上是个问题。虽是一个概念，但它反映出数字出版这个产业的年轻性、不稳定性，也说明加强基础理论研究仍是较为紧迫的。第十七届国际数字出版会议上，澳大利亚的学者提交了由澳大利亚政府基金支持的一个课题，这个课题名称是"出版在发展"，副标题是"数字出版的潜能"，对数字出版下了这样一个定义：数字出版是依靠互联网，并以之为传播渠道的出版形式。其生产的数字信息内容，建立在全球平台之上，通过建立数字化的数据库，来达到在未来重复使用的目的。这个概念的核心是重复使用。这个重复使用和把一份纸质的东西变成多份，通过多份变成多人阅读，在本质上是一致的。我比较赞成澳大利亚学者对数字出版这个概念所下的定义。数字出版平台的纷纷建立具有一定盲目性。由于对数字环境下内容投送的性质和方式不清楚，内容提供商规模不大，优质版权资源不够集中，只能被淹没在浩瀚的网络之中，产生不了效益。要深刻理解版权，要整合版权资源，集约版权。把内容资源整合、集约、控制，远远比建平台重要。出版人要转型成为网络环境下的内容提供商，一定要形成和运营商的对等谈判能力，或者和大平台的对等谈判能力。

问题一：关于出版和数字出版的概念

关于出版的概念。出版是有文字以后，随着印刷术的发明而发展起来的。出版的概念包括了三个方面：一个是编辑，一个是复制，一个是发行或者传播。现在的一些表述里，也有不严谨的地方。比如百度文库里面讲，有文字以后发展起来的金文、石刻及人工抄写，是一定意义上的出版。但以我来看，实际上不是，石刻不是出版，手抄也不是出版。什么才叫出版呢？核心内容是复制，就是把一个有内容的东西复制为多个有内容的东西，这是出版的本质。编辑加工是不是出版呢？编辑加工是出版的一个环节，但不是出版最重要的条件。为什么这么说呢？其实即使没有经过编辑加工，把它复制为多份内容一致的活动，也是出版。其行为是出版行为，其没有经过编辑加工而复制出来的产品也是出版物。发行或传播虽然也归纳在出版活动的范畴之中，但从它自身的含义来看，应该说已超出出版即复制这个概念。出版的核心是什么呢？就是复制。就是把一个有内容的东西复制成多个有内容的东西，不具备这个要件一定不是出版。

关于数字出版的概念。数字出版现在也有很多概念，我也拿两个跟大家探讨一下。什么叫数字出版呢？百度百科关于数字出版的定义是——数字出版是人类文化的数字化传承，它是建立在计算机技术、通信技术、网络技术、流媒体技术、存储技术、显示技术等高新技术基础上，融合并超越了传统出版内容而发展起来的新兴出版产业。数字出版是新兴出版产业，实际上是很不严谨的概念，在逻辑上属于重复定义。百度百科上紧接着描述，数字出版是在出版的整个过程中，将所有的信息都以统一的二进制代码的数字化形式存储于光盘、磁盘等介质中，信息的处理与接收则借助计算机或终端设备进行。它强调内容的数字化、生产模式和运作流程的数字化、传播载体的数字化和阅读消费、学习形态的数字化。这里它实际上要说的就是数字出版是以二进制方式进行处理的。中国新闻出版研究院有位学者关于数字出版的定义是这么讲的，数字出版是以标记语言为基础，以全媒体为显示形式，以链接搜索功能和个性化定制功能为特征的知识组织和生产方式。虽然不同的数字化出版形态的出版模式各不相同，载体与传播渠道也可能不同，甚至内容格式差别很大，但有一个共同特征，即出版物的内容是数字化的，所有形式的内容都以计算机可识别和处理的二进制，就是 0 和 1 进行编码。无论终端介质是什么，只要介质是数字化的，并以二进制方式处理，这种出版物一定是数字出版物。这里我们看到百度和中国新闻出版研究院学者的这两个定义，核心是通过二进制进行处理的信息内容，就是数字出版。二进制是数字出版概念中的核心问题。二进制是计算机技术里面广泛使用的一种数制，它以 0 和 1 两个数码来表示，它的基数是 2，进位规则是"逢二进一"，借位规则是"借一当二"。二进制是莱布尼茨发明的。莱布尼茨是德国的一位大数学家，也是一位著名的哲学家，与牛顿齐名，微积分就是他和牛顿共同发明的。所有内容信息都用二进制方式进行处理的就是数字出版，这是这个概念的核心。但如果这个概念的逻辑成立，就推翻了前面关于出版就是把一个有内容的东西复制成多份有内容的东西这个定义，并可以推出这样的结论：以雕版或活字版或激光照排制版，通过纸张和油墨，在印刷机上印制出来的有内容的出版物就是出版，或者说是传统出版。这个定义是以技术和生产的流程来给出版下定义的，没有抓住事物的本质。实际上，无论是雕版，或者活版（活版有多种版，

197

有木版，有泥版，有铜版，还有其他金属的版），还是激光照排制版，甚至是无版印刷，本质上都是一种复制，都没有改变把一份内容复制为多份内容的本质特征。简单来说，如果按照以二进制方式处理的就是数字出版，那就可以推出，用油墨和纸张在印刷机上印制出来的，就是传统出版。所以这在逻辑上是个问题。这个问题我今天是第一次在公开场合来讲。虽是一个概念，但它反映出数字出版这个产业的年轻性、不稳定性，也说明加强基础理论研究仍是较为紧迫的。

我见到一个国外关于数字出版的定义，是澳大利亚学者提出的。2009 年 6 月，在维也纳举行了第十七届国际数字出版会议，澳大利亚的学者提交了由澳大利亚政府基金支持的一个课题，这个课题名称是"出版在发展"，副标题是"数字出版的潜能"，实际上和我们所说的出版的转型和发展是一个很接近的概念。这个课题对数字出版下了这样一个定义：数字出版是依靠互联网，并以之为传播渠道的出版形式。其生产的数字信息内容，建立在全球平台之上，通过建立数字化的数据库，来达到在未来重复使用的目的。这里面有这样几点：第一，是通过互联网进行传播的；第二，它生产的数字信息建立在全球平台之上；第三，通过建立数字化的数据库来达到在互联网环境下重复使用的目的。这个概念的核心是重复使用。这个重复使用和把一份纸质的东西变成多份，通过多份变成多人阅读，在本质上是一致的。我比较赞成澳大利亚学者对数字出版这个概念所下的定义。当然，这个定义也不是绝对严谨，但基本说清楚了。为什么说它也不是特别严谨呢？主要是这个定义的范围窄了一点，互联网是互联互通的，这叫互联网，而互联网之外还有局域网，因此信息网络的概念才是一个更加科学的概念，既包括互联网，也包括局域网。

问题二：版权在出版（包括传统出版和数字出版）中的意义

无论传统意义上的出版还是数字出版，我们统称为内容产业。实际上内容产业的概念，当然是比这个还要大的，内容产业应该把文化、广电、新闻出版全部涵盖了。我们现在用部门职能来定义学科范围是非常危险的一件事。在高新技术发展的条件下，学科的界限会发生很大的变化，并呈现交叉性特点。学科之间的互相渗透非常强，不能削足适履。所以要说明一下，这里讲的传统出版、数字出版都涵盖在内容产业之中，但不是全部。关于出版和版权，在一般意义上来讲，任何一个出版单位或者出版企业，自己是不创作作品的。而是通过版权制度，遵循市场经济原则，根据供求关系，通过购买的方式获得作品的版权。获得作品的版权，也就获得了对作品进行复制、加工、传播的控制权。版权的控制权实际上是文化和内容的控制权，控制了版权就控制了文化和内容，甚至控制版权后也可以选择不出版。例如，出版单位或其他法人或非法人组织，购买了作者的版权（主要是复制权）以后，就把它搁那儿了，作者这时候就不能再许可他人出版了，当然这种情况是非常少的。我说出版单位一般不自己创作作品，也不是绝对的，有些出版社自己也组织编写一些工具书，比如说大百科全书，这部书的整体版权就由大百科全书出版社自己享有，但这也是非常个别的情况。一般情况下，出版单位都是先和作者约稿、组稿，签订授权协议，才获得作品的复制权。所以，版权在出版中是极为重要的，是本原性的东西。脱离了各类作品，出版就是无米之炊，脱离了对各类作品版权的拥有和控制，是谈不上出版的。讲到这里，顺便提一下自主知识产权和自主创新这两个概念，自主知识产权是成立的，自主创新在科学意义上是有瑕疵的。自主知识产权指的是这个东西可能不是我研发的，但是我购买了它的版权、专利权、商标权以后，我就拥有了对它进行商业或非商业使用的权利，无论创作者、研发者是谁。如果说《哈利·波特》这个作品，你买了中文版在中国首发，只要你把它买来了，就是仅限你有使用权，所以我们说知识产权可以讲自主知识产权。这里的自主指的是支配使用，而不是创造。自主创新为什么有瑕疵呢？创新本身是一种主体自觉的活动，没有"他主创新"。这个概念逻辑上是不通的，我们说建立创新型国家指的是中国，一定是以我们为主体的。

版权在数字出版和在传统出版中，都是具有战略性、资源性意义的，脱离了版权，就不要去谈数字出版，也不要去谈出版。

问题三：版权在传统出版或者数字出版中的实现方式

版权是从哪里来的？不是从天上掉下来的，也不是出版单位固有的，版权是创作者因创作完成作品而产生的，这里需要把《伯尔尼公约》中关于作品的概念讲一下。《伯尔尼公约》中的"文学艺术作品"包括文学、科学和艺术领域内的一切成果，不论其表现形式或方式如何。关于文学和艺术好理解，但是关于科学怎么理解？比如哥德巴赫猜想，这篇论文是享有专利权还是享有版权呢？正确的结论是它享有版权，不享有专利权。因为哥德巴赫猜想属基础理论。如果将哥德巴赫猜想理论应用到其他领域研制了一个技术，申请并获得专利，才享有专利权。凡是在基础科学理论层面研究的东西，无论是社会科学还是自然科学，它享有的都是版权。还有十分重要的一点，就是版权基于表达，版权不保护思想，保护的是表达出来的东西，即作品。这个定义中有两个概念非常重要，一个是它所界定的作品范围是文学、科学和艺术领域，范围非常之宽；另一个是表现形式或方式，在头脑中构不成作品。作品需要表现出来，无论表现形式或方式如何。著作权领域的表现是一个很宽泛的概念，它包括文字、声音、形象等不同方式的表现。舞蹈是通过形象表现的，音乐是通过声音表现的，图书是通过文字表现的。表现方式虽不同，但都在《伯尔尼公约》界定的"作品"范畴之中。

有些人一直认为版权是由出版单位天然拥有的，实际上这是一个比较幼稚的想法。从版权制度产生来看，版权的确是由出版催生的，但它却是创作者、作者的权利。在15世纪左右，欧洲开始出现对出版商利益的保护，在中国宋代也出现了版权禁令（南宋时期刻印的《东都事略》一书的牌记："眉山程舍人宅刊行，已申上司，不许覆板。"），但这些只能被看作版权的萌芽，还不是本来意义上的版权。现代版权制度的建立，就是将权利从出版者的身上回归到创作者的身上，其标志是1709年《安娜法》的颁布。版权包括了人身权利和财产权利，人身权利作为作者的权利，无论在什么环境下，都是不容改变的，它包括发表权（可以发表也可以不发表），署名权（可以署真名也可以署笔名），修改权（作者可以修改，编辑也可以修改，但是不能违背作者意愿）。财产权中权重最大并与出版和数字出版关联度最高的是复制权和信息网络传播权。复制权是作者一项非常重要的财产权利，一般来说，作者和出版社签约主要是就复制权进行签约，这个权利一般也被称为出版权，或者称为专有出版权。网络的出现，使作者产生了一项新的权利——信息网络传播权。在互联网上，大量信息内容在网络空间里传送，这些信息包括了文字、声音和图像三种形式，而这三种形式恰恰都是受版权控制的。对于在网络上传送这三种形式的内容，如果不赋予作者相应的权利，就会产生这样的矛盾：出版图书需要获得作者的授权，但是在网络环境下不需要获得作者授权，这在逻辑上和法律上都是不可思议的，所以作者在传统出版领域享有的复制权，延伸到网络领域享有信息网络传播权是一个必然。有人提出，可不可以把信息网络传播权并入复制权（出版权），由出版者一并行使？这从法理到实践来看都是行不通的，因为复制权和信息网络传播权是作者可以单独行使的两种权利。随着网络的发展，有可能作品先在网络上传播，再出纸介质出版物，如果网络传播商提出把复制权并入信息网络传播权可以吗？同样不可以。但是，出版商或网络传播商都可以通过契约方式，从作者那里同时拿到这两种权利的授权。

传统出版和数字出版具有共同点——它们的目标都是满足人们对文化的需求，实现传播。出版只有实现规模性的复制，或者叫规模性的使用，才能形成产业，网络环境下的规模就体现为重复使用的次数，所以说产业的基础和规模是相关的，和广泛传播也是相关的，这一点无论在现实社会里还是在互联网环境下，其本质都应该是一致的。

传统出版和数字出版的不同点是什么呢？传统出版需要

获得复制权，数字出版需要获得信息网络传播权。生产方式和传播方式不同。一个是在真实的社会里，另一个是在虚拟的空间里。传统出版的生产方式，需要出版商印书成册，然后通过不同区域的批发商、零售商或电子商务等环节才能到读者手中；数字出版的生产方式，首先是建立一个充分获取了授权的作品信息数据库和平台，然后通过网络运营商提供的服务实现传送，使许许多多的人在不同时间、不同地点能够获取任何一部数字作品。数字出版要求版权的集约化程度高。在传统出版领域，一些较小的出版单位一年可以只出几十种、几百种书，这在全世界范围内都很普遍，但在数字出版领域，这就远远不够。如果不能集约或控制相当数量的作品授权或控制某一领域，如文学、艺术、儿童读物或医学等最具代表性且有相当比重的作品版权，在信息网络环境下，以传统出版的方式投送数量有限的作品，面对上百万个网站，这样去做数字出版，无疑像在海里撒盐一般。近年来，一些出版单位在数字出版上投了不少钱，也花了不少精力，但效果却不显著，版权集约不够可能是一个需要注意的问题。

问题四：从版权的角度看我国内容产业发展存在的问题

第一，对版权的认识不够。现在很多文化单位回避版权，不知道在所有文化产品当中，天然的已经有了版权的因素在里面，甚至有的单位搞文化产业，却不了解版权。

第二，定位不清楚。我们讲实现出版的转型，是把自己放在一个传播者的位置上来考虑问题。在传统出版里面，作为出版者，是要通过复制、发行来进行传播，通过传播获得效益；在数字出版领域，传播需通过网络内容提供商和网络运营商两个层面。它既需要有大的运营商，也需要有大的内容提供商。现在，大的运营商已经有了，比如中国联通、中国移动、中国电信，而大的内容提供商还没有出现。

第三，数字出版平台的纷纷建立具有一定盲目性。目前，数字平台纷纷涌现，其好处是大家都很重视数字出版，都建平台，都投入那么多人在做，都在进行实践和探索，但由于对数字环境下内容投送的性质和方式不清楚，内容提供商规模不大，优质版权资源不够集中。内容提供商需要把一定数量的版权集约起来，过于窄小分散，只能被淹没在浩瀚的网络信息之中，产生不了效益。有学者认为，全世界数字出版商有几家就够了，听起来好像有些极端，但道出了网络环境下作品传播的特点与规律。前几年我国大大小小的视频网站数百家，现在越来越少，只有十几家了，2012 年土豆和优酷又合并了。视频网站的数量虽然少了，但它们能控制的版权作品数量却更大了，并且形成了更大的传播能力和效益。今后，视频网站预计还将进一步整合，这是符合数字出版规律的。整合是数字出版产业发展的必然趋势，版权集约是数字出版得以实现的前提。

问题五：整合版权资源，推动数字出版产业发展

第一，要深刻理解版权，要整合版权资源，集约版权。把内容资源整合、集约、控制了，远远比建平台重要。出版人要转型成为网络环境下的内容提供商，一定要形成和运营商的对等谈判能力，或者和大平台的对等谈判能力。

第二，可以进行一些联合，这种联合应该是在资本控制下进行的资源整合，整合版权资源，整合人才资源，整合我们的特定作品市场资源。

第三，国家在数字出版过程中，要对企业进行规划指导、政策支持和资金支持。现在，国家对文化的投入很多，但真正投入到对资源控制上的不多，对文化资源的控制不够。如果我们从文化产业发展和文化安全的角度来看，国家控制相当数量的文化资源，对我们唱响网上、网下主旋律都是非常重要的。

（本文根据作者 2012 年 12 月在中国传媒大学编辑出版研究中心硕博士学术讲座上的发言整理）

充分发挥版权在文化产业
发展中的重要作用

（2013 年 6 月 24 日）

不要空洞地谈版权产业，也不要把版权产业和文化产业分割开，而是要着重挖掘和发挥版权在推动文化发展繁荣中的重要作用。现在，有一种现象，搞科技的不愿意谈专利，搞文化的不愿意谈版权，这是不利于文化发展的。

中国新闻出版研究院发布的报告显示，2010 年我国版权产业对国民经济的贡献率为 6.57%。什么是版权产业？版权产业贡献率如何统计？版权在文化产业发展中的重要作用是什么？24 日（2013 年 6 月），记者围绕这些问题采访了国家版权局副局长阎晓宏。

问：公众对版权产业这个概念还比较陌生，究竟什么是版权产业？

阎晓宏：近年来，大众对文化产业较为熟悉，但对版权产业还比较陌生。版权产业是基于对受版权保护的作品进行创作、复制、加工、销售、传播而形成的产品形态，在此过程中，作品的生产、传播者能够通过市场实现其价值，而创作者也能够通过授权来实现作品的财产权。简单地说，版权产业就是使用受版权保护的智力作品进行经营和持续发展的产业。实际上，美国最早提出这个概念，并于1959年发表了《美国版权产业的规模》研究报告。

如果说版权和文化是两个有交集的圆圈，这个交合的部分主要包括图书报刊、广播电视、电影、音乐、戏剧、舞蹈等艺术表演与其他娱乐业。有一些属于文化但不是版权，比如文化遗产、思想道德、自然环境等，也有一些属于版权而非文化的领域，比如软件、纺织、玩具制造和建筑外观设计等。世界知识产权组织曾对版权产业和文化产业进行了界定，并明确以版权为基础的产业和文化产业在很多情况下作为同义词使用。也有人说，版权产业其实就是商业和法律意义上的文化产业。

版权产业是知识经济的重要支柱和组成部分，其发展水平被国际社会认为是衡量一个国家或地区创新能力和核心竞争力的基本标尺。在知识经济背景下的中国社会，版权是能够极大增值的财富，具有财富属性，当大量智力成果不断涌现时，就产生了被保护的诉求。此外，我国2001年加入世界贸易组织，也要求我们在知识产权保护方面承担更多责任。

问：此次开展的版权产业贡献率调研是如何进行统计的？

阎晓宏：迄今为止，世界上已有包括我国在内的 40 多个国家开展了版权产业经济贡献的研究，结果普遍认为，版权除了具有文化传播的社会价值之外，对经济的贡献也非常大，版权产业发展速度在很多时候高于国家 GDP 的增长速度。

2006 年至 2013 年，在完成数据统计和分析的基础上，研究人员采用了世界知识产权组织通行的做法，即通过行业增加值、就业人数、出口额三个经济指标来衡量，实际操作中以国家统计局、海关总署、国家外汇管理局等部门的相关统计数据为基础进行测算。统计范围也是按照世界知识产权组织对于版权产业的分类方法进行的，包括了核心版权产业、相互依存的版权产业、部分版权产业、非专用支持产业等四个部分。

2010 年，我国版权产业的增加值占全国 GDP 的 6.57%。为什么这个数字比文化产业高很多？主要是版权产业的外延要比文化产业大很多。根据世界知识产权组织的四种分类来计算，例如地毯、纺织品、建筑外观设计、灯具等作为美术作品享有版权，那么其相应的地毯、灯具等市场则被视为"部分版权产业"。假设价值 1 万元的相关产品，其版权因素在价值中占比约 5%，那么，规模 1 亿元的相关产品市场涉及版权产业的贡献率有多大呢？就是 500 万元。

问：如何才能发挥版权在助推文化产业发展中的作用呢？

阎晓宏：在实践中，既不要空洞地谈版权产业，也不要把版权产业和文化产业分割开，而是要着重挖掘和发挥版权在推动文化发展繁荣中的重要作用。现在，有一种现象，搞科技的不愿意谈专利，搞文化的不愿意谈版权，这是不利于文化发展的。为此，国家版权局重点在四个方面做好工作。

一是创造良好的版权保护环境。文化的生命力在于创新，只有当作者花费巨大心血创作的作品得到有力保护，才可能催生更多作品，形成文化产业发展的根基。

二是促进作品有序流转和使用。近几年，我们主要致力于开展作品登记，目的就是通过登记明确权利，便于查询和交易。特别需要说明的是，我们也不赞成版权保护越严越好，制度的目的是要推动社会进步，使公众受益。我不赞成把什么都说成是知识产权。什么都不能用，谁用都是侵权，这样会形成知识壁垒，反过来限制社会发展。不保护会扼杀创新，而过度保护又会形成知识壁垒，所以说，我们要运用好版权和版权制度，为挖掘好作品创造条件。

三是推动作品质押和评估工作，国家版权局与财政部共同推动出台了《著作权资产评估指导意见》，为中小文化企业以版权这种无形资产获得银行质押贷款提供了途径，实践中很受欢迎。

四是推动版权贸易平台基础性建设，在为作品使用者、传播者提供更便捷、更经济获取作品授权渠道的同时，也为作品的权利人拓宽了授权领域。

（本文为访谈录，原载新华网）

我们要给后代留下什么？

——书画造假的追问

（2013 年 12 月 18 日）

人们富裕了，需要更高品质的生活，而文化和艺术就是这种高品质生活的重要构成，艺术品保值增值的特点也使社会对艺术品的需求大为扩张，而艺术家却并不是像物质产品那样可以生产和复制的，无数的人、无数的机缘和努力，才能成就极个别杰出的艺术家，这是一种规律，这种规律就决定了杰出艺术品的稀缺性，在巨大的社会需求和艺术品稀缺性的碰撞下，少数艺术作品就产生了巨大的文化价值和经济价值。现在的造假者们，要把水搅浑，与艺术家们"分享"这样的成果。

关于书画作品的作伪，古来有之。张大千就是这方面的高手，他临摹石涛的作品，惟妙惟肖，真正是以假乱真。有一次，张大千和友人在美国参观一个展览，当他见到一幅署名"石涛"的画时，得意地对陪同参观的人说："这幅画是我画的",同行友人大惊失色,把他拉到一边严肃地说,"在美国这是犯法的,如果警察知道了,你将会有牢狱之灾"。其实,按照中国的法律这也是不被许可的。按照我国《著作权法》第48条的规定,制作出售假冒他人署名作品的行为是侵犯著作权行为,视其复制、销售的数量,须承担相应的结果责任。

2012年清明节前后,北京市版权执法部门和有关媒体共同对北京琉璃厂、潘家园古玩城等地区书画市场销售假书画的情况进行了暗访,并走访了一些业内知情人士,发现销售假书画的情况已经相当普遍,并大体上形成了一个比较完整的半地下产业链。

假书画交易主要集中在传统文化街区、古玩市场、书画艺术聚集区、建材市场、旧货市场、宾馆饭店、机场和一些书店。此外,一些网络销售平台和一些专业书画交易网上的书画交易也很活跃,产品鱼龙混杂,以假书画居多。市场上交易的假书画主要有三种情形:一是临摹仿制的名人书画。这类假书画的品种繁多,门类齐全,数量最大,其中最热门的是"高仿"书画。二是假冒名家、名人署名书画,这类书画往往由于其价格高昂而最具欺骗性,令消费者无法辨别真伪。三是印刷复制品。这类"书画"主要集中在一些建材城、旧货市场进行销售。

全国"扫黄打非"工作小组办公室、国家版权局联合下发了《关于开展迎接世界知识产权组织音像表演外交会议集中治理工作的通知》，将制售假冒他人署名书画作品列为重点整治领域。根据该通知的工作部署，2012年5月，北京地区有关版权部门对制售假书画较为猖獗的荣宝斋一带地区进行了清查。有关地区版权部门对制售假冒他人署名书画作品泛滥的地区开展了专项整治。在这些工作开展过程中，主要媒体积极配合进行了宣传报道。公开出售假冒他人署名书画作品现象在一定程度上得到了遏制。但由于制售假书画已形成地下产业链，制售假冒他人书画作品隐蔽性更强，给查办此类案件带来很大难度。依法打击制售假冒他人署名的书画作品行动仍面临着很大的挑战和考验。就书画"打假"这件事而言，更严重的是人们对此采取的麻木不仁甚至姑息纵容的态度。我们这个社会还没有对书画造假形成具有足够压力的正能量，许多人采取了与我无关、高高挂起的态度，甚至一些从事艺术工作的人也对此持相当宽容的态度，造假者还没有去光顾他们的作品，甚至有的艺术家内心期待造假者的"光临"，通过他们的"光临"来证明自己作品的价值。其实这是不可取的。真正严肃的艺术家从来对此是深恶痛绝，大声疾呼，坚决抵制的。记得在20世纪80年代末，书画造假尚在浮萍之时，大家对此并无切肤之痛。原新闻出版署组织一批著名专家学者评选国家图书奖，王朝闻老是艺术门类评委会主任，在评选一家地方出版社选送的"齐白石"画集时，他与评委们发生了分歧，朝闻老坚持认为，这套书不能入选，其中可能有赝品，应当慎重。一些评委则认为，如不能现在证明哪一幅是赝品，就应当允许这套书入选，当时朝闻老虽是评委会主任，但不占多数，此书入选了，朝闻老当场拂袖而去，退出了此次评选。有一次，沈鹏先生与我聊天，说起书画作伪之事，不久前他刚见到了一位美国当代艺术大师，在谈话间也讲到了中国的书画作伪，这位美国艺术家十分不解，说像张大千这样作伪之人怎么在中国还有这么高的艺术地位？美国人的艺术尺度与我们有天壤之别！其实并非只有美国人反对作伪，在中国，严肃的艺术家也是不屑于作伪的，他们临摹他人的作品，一定要署上原作者是谁，临摹者是谁。这并不降低作品的艺术价值，前两年见到靳尚谊先生临摹的一幅油画，引起了广泛的关注与好评，艺术评论家们认真分析了原作与临摹作品的艺术区别，认为临摹品是一幅极具价值的作品。李可染先生之子李庚临摹了其父的一幅作品，因临摹水平高，且风格一致，李可染先生为防以后有误解，专门在此画作上题字说明："此小儿李庚摹吾旧作，略有似处，可染题之。"听说过了两年，在拍卖市场上这幅可染先生亲自署名的一行字，只剩下了"可染题之"四个字。严肃的艺术家对当下越来越多的造假非常愤慨，沈鹏等一批艺术家多次在全国政协会议上疾呼，这种行为若不制止，将来我们给后代留下什么？更多的艺术家表达了一种无奈。社会上流传着启功先生对他的字画造假的评价，凡不是启功的作品，他一律诙谐地说："这幅字比我写得好。"有一次见到中石先生，他给我看了一本他亲笔题写刊名的杂志，这本杂志的头一篇文章是专门写中石先生治学和书法的，在文章中插了四幅中石先生的书法，其中就有一幅是假的，真是匪夷所思。问其究竟，原来这四幅作品中有三幅是由中石先生的弟子提供的，而多出来的一幅不知是杂志社还是文章作者塞进来的"水货"。

书画作伪愈演愈烈，究其根源，目的是牟取暴利。随着我国经济的快速发展，人们富裕了，需要更高品质的生活，而文化和艺术就是这种高品质生活的重要构成。除了欣赏，艺术品保值增值的特点也使社会对艺术品的需求大为扩张，而艺术家却并不是像物质产品那样可以生产和复制。许多年，无数的人、无数的机缘和努力，才能成就极个别杰出的艺术家，这是一种规律，这种规律就决定了杰出艺术品的稀缺性，在巨大的社会需求和艺术品稀缺性的碰撞下，少数艺术作品才产生了巨大的文化价值和经济价值。

现在的造假者们，要把水搅浑，与艺术家们"分享"这样的成果。借助技术进步，造假已与古来有之的临摹大不相同，借鉴和临摹已不复存在，在高端技术支持下，已成为花样不断翻新的"复制"。有的艺术家气愤地说，"他们不是在复制我的作品，而是要复制我"。而沈鹏先生等一批艺术家最常说的一句话是："我们要给后代留下什么！"造假售假者最常说的一句话是："以后，谁知道这是真的还是假的。"

中华民族是最具创造力的民族，我国古代伟大的发明、优秀文化，都是这种创造力的明证。而现在，这种创造力似乎正在远离我们，远离社会，远离生活，到处都是模仿，到处都是文化垃圾，让人民群众深恶痛绝的制假售假屡禁不绝。细究起来，书画的造假与物质产品的造假如出一辙。

真善美是人类几千年追求之目标，它与假丑恶是一对天敌。书画造假这件事，看起来虽小，却折射出我们的社会价值取向和是非正义观念，我们究竟秉承一种什么样的观念，我们究竟把什么样的文化、什么样的艺术作品传承下去，留给我们的后人，这是一个很大的课题。

对书画作品的造假应当引起重视，依照著作权法赋予各级版权行政机构和具有版权行政执法职能、职责的有关文化综合执法机构，都应当把打击书画造假纳入执法范围，对恶意、商业性、规模化的书画造假行为，必须依法坚决打击。要加强版权行政和刑事机构的衔接，达到一定数量、数额，构成犯罪的，应当依法移送公安机关。2013 年，书画作品造假，已纳入全国打击假冒伪劣和侵权盗版双打行动。在全社会加强诚信建设和道德建设，形成"制假售假买假可耻"的社会氛围；重视媒体、依靠媒体，充分发挥媒体在加强书画作品版权保护工作中的积极作用，协助媒体挖掘一些制假造假现象并进行披露和曝光；引导一些艺术水平较高的造假人士摒弃制假售假的违法犯罪道路，走上尊重创造、尊重版权的正路，运用其艺术能力通过合法途径谋利。随着社会尊重知识、鼓励创新的良好氛围的形成与兴起，随着有关执法部门对书画造假打击力度的加大，现在这种猖獗的书画造假行为必将逐步得到遏制。

（本文原载《光明日报》2013 年 12 月 18 日）

中国版权事业的里程碑

——《视听表演北京条约》出台始末

（2014 年 4 月）

　　《视听表演北京条约》是新中国成立后第一个在中国签署的国际条约，是第一个以我国城市命名的国际条约，它的重大意义还在于该条约摆脱了由美国、欧盟等发达国家和地区制定国际规则的惯例，是一个南北平衡的国际规则，中国和发展中国家在规则制定中发挥了重要的作用。1993 年至2012 年，世界知识产权组织为缔结条约整整用了二十年的时间，曾于 1996 年和 2000 年两次召开外交会议，但是，由于一些重要国家在表演者权利的规制上存在着比较大的分歧而未能成功缔结条约。经过长达近二十年的讨论、磋商，分歧和摩擦逐渐减少，发达国家和发展中国家之间的分歧也逐渐缩小，在这样的背景下，世界知识产权组织决定召开第三次视听表演外交会议。

　　国家版权局等多个部门进行了分析和研判，总体结论是我国承办视听表演第三次外交会议利大于弊。有利于扩大我国知识产权工作的国际影响，有利于推动创新型国家建设，有利于激发表演者的创作热情，推动文化产业的发展，有利于促进我国传统民间表演艺术的挖掘，推广我国传统的表演艺术，也有利于推动中国优秀传统文化"走出去"。从我国已经加入的国际条约和我国现行的著作权法律来看，其和视听表演国际条约的门槛基本一致，选择北京或上海等重要城市来承办，按照惯例，条约缔结时就可以以北京或上海的名称来命名，非常有利于提升申办城市的国际影响力以及城市的国际化水平。按照惯例，条约缔结后，可以与《伯尔尼公约》《马德里协定》《新加坡条约》等国际条约齐名，对提升我国版权话语权非常重要。《视听表演北京条约》是世界知识产权保护的一个重要的里程碑，其缔结过程充分体现了本次外交会议的开放性和建设性，而这就是开放中国的精神。

2014 年 4 月 24 日 16 点 29 分，第十二届全国人民代表大会常务委员会第八次会议一致表决通过批准世界知识产权组织《视听表演北京条约》。该条约是新中国成立以后第一个在中国签署的国际条约，是第一个以我国城市命名的国际条约，其重大意义还在于：它标志着打破了由美国、欧盟等发达国家和地区制定国际规则的惯例，是一个南北平衡的国际规则，中国和发展中国家在规则制定中发挥了重要的作用。时任中央政治局委员、国务院副总理刘延东指出："要从战略的高度深化对知识产权制度的认识，随着知识产权的兴起和经济全球化的深入，知识产权日益成为经济发展的战略性资源和国际竞争的核心要素，制定知识产权保护的国际规则和标准，应当充分考虑各国国情，特别是考虑发展中国家的发展阶段、历史文化和可承受能力，知识产权问题与国家发展密切相关。"时任中央政治局委员的王岐山副总理高度评价了条约的缔结。在 2012 年 6 月 26 日条约缔结之后，王岐山副总理会见了世界知识产权组织总干事弗朗西斯·高锐和有关国家的代表，代表们高度评价了世界知识产权组织在协调各国、协调南北双方在缔结条约方面发挥的领导作用。在接见中国组委会各有关部门成员时，王岐山副总理说："向这次会议表示祝贺，向为条约的缔结做出努力的各个部门表示祝贺和感谢，缔结这一条约是我们在外交上的一个重要成果。"

一

知识产权主要由专利权、商标权和版权三部分组成。《视听表演北京条约》是版权领域的一个国际条约，版权领域的国际条约现在主要有《保护文学和艺术作品伯尔尼公约》、《世界知识产权组织版权条约》、《世界知识产权组织录音和表演条约》、《保护表演者、录音制品制作者和广播组织的国际公约》（简称《罗马公约》）、世界贸易组织协定中

《与贸易有关的知识产权协议》等，《视听表演北京条约》主要规范的是在表演领域的版权问题。在表演领域，我国《著作权法》保护的范畴主要包括两种类型的著作权，一是表演权，即著作权人依法享有的"公开表演作品，以及用各种手段公开播送作品的表演的权利"；二是表演者权，即表演者（如歌手、演员等）依法享有的许可或禁止他人使用其在表演时的形象、动作、声音等一系列表演活动的权利，包括对其表演进行现场直播、录制、制作音像制品发行，以及通过信息网络进行传播的权利，比如作家老舍对其作品《骆驼祥子》享有许可该作品搬上话剧舞台的表演权，而演员张丰毅则因在《骆驼祥子》中扮演祥子这个角色，享有许可他人从表演现场直播和公开传送其现场表演的表演者权。

《视听表演北京条约》是基于国际社会对表演者和表演者权利的重视，对表演者的声音和形象给予全面保护的新的国际规范，主要针对录制在"视听录制品"中的表演，为表演者规定了广泛的权利，包括表明身份权、禁止歪曲权、复制权、发行权和信息网络传播权以及缔约方可视具体情况规定的出租权、广播和以其他方式进行传播的权利。

二

1961 年，世界上第一部保护邻接权的国际公约——《罗马公约》首次对作品的表演者提供了保护，第七条赋予表演者禁止他人未经许可对其表演进行现场直播、录制其尚未被录制的表演和复制其表演的录制品等一系列活动的专有权利。当时，对表演进行摄录主要是为了拍摄电影，由于担心保护电影演员的表演者权会妨碍对影视作品的后续利用并影响影视产业的发展，《罗马公约》将表演者权主要限定在对表演者声音的保护范围内。然而，20世纪七八十年代以来，随着现代传播技术的快速发展，以及摄影录制设备的普及，对表演的摄录变得简单易行，在影视产业外产生了大量的视听录制品，对视听录制品的利用方式也日益丰富。遗憾的是，在此之后出台的《与贸易有关的知识产权协定》（我国2001年加入）和《世界知识产权组织录音和表演条约》（我国2006年加入）两个重要的与版权直接相关的国际公约，都没有规制以视频形式录制表演的行为，也不保护视听录制品中的表演者。因此，许多国家迫切要求尽快通过一个新的国际条约，以便在世界范围内对利用"视听表演"的行为加以规制。为了给视听表演者提供充分的国际保护，1993年至2012年，世界知识产权组织为缔结条约整整用了二十年的时间，曾于1996年和2000年两次召开外交会议，但是，由于一些重要国家在表演者权利的规制上存在着比较大的分歧而未能成功缔结条约。一般而言，国际条约主要是美国、欧盟等发达国家和地区来主导制定的，制定视听表演国际条约的分歧主要来自发达国家，这个分歧主要有两个原因：一个原因是美国和欧盟之间对表演者权利的规制有重大的立场差距，美国因其电影产业和唱片业发达，更为注重制片人和唱片制作者的权利，担心过分保护表演者会影响电影产业的发展，而欧盟则认为，应该给予表演者全面的保护，包括声音、动作和形象；另一个原因是关于表演者的界定，以往的表演者，一般根据《伯尔尼公约》界定为文学和艺术作品的表演者，对民间文艺表达的表演者没有予以考虑。一般而言，民间文艺的表演者主要来自文化历史悠久但生产力相对不很发达的国家、民族和部落，比如澳大利亚的土著民族，中国一些少数民族的舞蹈、民歌、宗教仪式等。

虽然世界知识产权组织两次外交会议都没能缔结条约，但是经过长达近二十年的讨论、磋商，分歧和摩擦逐渐在减少，世界知识产权组织通过不懈的努力，终于使美国和欧盟在这个问题上的认识基本趋于一致，发达国家和发展中国家南北之间的分歧也逐渐缩小，在这样的背景下，世界知识产权组织决定召开第三次视听表演外交会议。

三

2011 年 6 月，世界知识产权组织版权与相关权委员会第二十二次会议中，各方经反复磋商，认为保护视听表演条约的法律草案已较为成熟，有望于 2012 年年底前举行第三次世界知识产权组织视听表演外交会议时正式缔结。对此，世界知识产权组织副总干事王彬颖女士向中国国家版权局表示，如果中国愿意考虑承办此次外交会议，她愿意推动总干事尽全力促成此事。王彬颖女士是 20 世纪 80 年代国家工商总局派驻世界知识产权组织的官员，也是目前在世界知识产权组织的中国官员中职位最高的，她历任世界知识产权组织合作促进发展亚洲和太平洋局等部门的负责人，总干事办公室主任、助理总干事，是目前世界知识产权组织中除总干事外职位最高的。就王彬颖的提议，国家版权局组织各方面专家和外交部、商务部、国家工商总局、国家知识产权局、全国人大常委会法工委、国务院法制办等多个部门进行了分析和研判，总体结论是我国承办视听表演第三次外交会议利大于弊。

国家版权局、外交部、北京市政府和我国驻日内瓦代表团经分析研判，认为有利的因素主要是：

第一，我国在推动创新型国家建设，知识产权作为国家的发展战略纳入党和国家的重要议事日程，推动智力成果的使用是我们转变经济结构的一个重要方式。在这个重要背景下，在中国召开这次会议，有利于扩大我国知识产权工作的国际影响，有利于推动创新型国家建设。

第二，从视听表演国际条约规制的内容来看，表演者在视听录制品中的权利得到中国的承认和保障，有利于激发表演者的创作热情，有利于表演作品的创作和传播，从而推动文化产业的发展。

第三，视听表演国际条约把民间文学艺术表达的表演者纳入保护范畴，对于拥有五千年优秀文明历史的中国而言，有利于促进我国传统民间表演艺术的挖掘，推广我国传统的表演艺术，也有利于推动中国优秀传统文化"走出去"。

第四，从我国已经加入的国际条约和我国现行的著作权法律来看，和视听表演国际条约的门槛基本一致，也就是说，我国的著作权法从原则上已经达到了视听表演国际条约所保护的水平。

第五，如果我国能够成功申办这次外交会议，我们可选择北京或上海等重要城市来承办。按照惯例，条约缔结时就以北京或上海的名称来命名，非常有利于提升申办城市的国际影响力以及城市的国际化水平。条约缔结后，可以与《伯尔尼公约》《马德里协定》《新加坡条约》等国际条约齐名，对提升我国版权话语权非常重要。

不利的因素主要是：

第一，我国视听产品出口量现在小于进口量，这样就有可能出现外国文化产品出口量大于中国文化产品出口量的实际情况。经过分析，我们认为，我国可以利用拟缔结的该条约第11条第3款对我国现行法律法规中尚未规定的该条约第11条第1款和第2款中关于"广播和向公众传播的权利"予以保留。

第二，此次外交会议，预计将有185个国家和一批国际组织参加，是一个特大型的国际会议，对接待、会务各方面要求很高，而且，最大的问题是担心花费了很大的财力、人力，仍存在着不能缔结条约的风险。经过多方面的沟通和分析，我们认为从当时的基础情况来看，缔结该条约的可能性是很大的，可以说是有一定把握的。但是也应做好两手准备，即使不能缔结条约，在中国召开这次知识产权的国际会议也还是利大于弊。缔结条约的可能性很大，这是因为中国经过几十年的发展，成就令世人瞩目，虽然我们在这些年有了很大的进步和成绩，但仍缺乏国际话语权，批评、指责的意见很多，这些批评、指责大多来自美国、欧盟、日本等几个发达国家和地区。召开这次国际会议，可以使各个国家的政府代表到中国来感受中国的发展变化，感受中国在知识产权方面的进步。同时，我们也无须回避在知识产权方面的差距和存在的问题。这次会议如果在中国举办，就是一个重要的国际平台，利用这个平台，加强国际交流和合作，发挥我国在知识产权领域的积极作用也是非常必要的。在城市选择上，北京和上海这两个城市是最具备举办这次外交会议条件的，而且，北京和上海都表达出这样的诉求，经多方考虑，最终选择北京作为承办城市。

四

关于外交会议的筹备情况，经过国家版权局、外交部、北京市人民政府、中国驻日内瓦代表团等部门多次研究论证，国家版权局和北京市人民政府联名向国务院递交了申请由中国北京承办世界知识产权组织视听表演第三次外交会议的请示并获批准。2011年9月，世界知识产权组织成员国大会表决通过由中国北京承办这次外交会议。为了减少缔结条约的分歧和阻力，防止一些别有用心的国际组织利用这次外交会议做文章，影响条约缔结，并在与世界知识产权组织具体承办相关事宜的协议谈判中争取主动权，我们提出了不过分强调条约缔结问题，只承诺承办外交会议的原则。

从世界知识产权组织成员国大会通过由中国承办此次外交会议到第三次外交会议正式召开，时间不到9个月，筹备工作任务繁多而又艰巨。为了保证这次外交会议的成功，国家版权局、外交部和北京市人民政府请示并经国务院批准成立了强有力的组委会，主任由时任国务院副总理王岐山亲自担任，副主任由原新闻出版总署、国家版权局局长柳斌杰，国务院副秘书长毕井泉和时任北京市人民政府市长郭金龙担任，组委会成员由中宣部、外交部、公安部、国家安全部、财政部、商务部、文化部、海关总署、国家工商总局、原广电总局、国家知识产权局、国家旅游局和国新办组成。王岐山副总理两次主持召开组委会会议，听取外交会议筹备工作进展情况，明确了各部门的分工。国家版权局和北京市人民政府作为此次外交会议的主要承办方，拟定了总体方案，并确定了各部门的工作职责。国家版权局负责统筹协调外交会议的各项筹备工作，负责与组委会各个成员单位的沟通协调，制定和落实外交会议的重大活动方案，参与制定外交会议的总体工作方案和各个分方案，负责相关经费预算的编制和申请工作，负责与世界知识产权组织就这次外交会议的筹备和组织工作进行沟通、联系、协调和谈判（主要是确定主办方和承办方双方的职责以及双方经费的承担，签署合作协议）。中国既是承办方，又是成员方，国家版权局还负责组织专家对条约内容进行研究，组织中国代表团参加会议，参与条约的磋商，负责相关的材料以及翻译和新闻稿件审核工作。北京市人民政府负责统筹协调外交会议的各项筹备工作，负责制定和落实外交会议总体工作方案和各个分方案，参与制定和落实外交会议重大活动方案，负责组委会办公室工作，申请和落实北京市财政经费，负责整个外交会议的会务工作，包括礼宾接待、酒店住宿、餐饮、医疗卫生保障、沟通、会场周边环境治理以及代表注册、会议设施保障、记者接待和管理，负责落实配套活动，包括专门为这次外交会议所举办的"中国国际版权博览会"和一场大型的文艺演出活动。中宣部负责审定宣传报道方案，落实外交会议的宣传工作，协调组织境内外媒体的采访和新闻报道工作，以及舆论引导工作。外交部负责外交会议的重大外事工作，以及相关外事政策的执行，礼宾接待的指导，参与重大外事活动的协调与安排，参与条约的磋商，审核批准中国参会代表的资格和证书，指导驻外使馆做好来华参会人员的签证和审发工作。相关负责部门还有公安部、国家安全部、财政部、商务部、文化部等15个部门。

截至2012年4月，共有142个国家和地区及38个国际组织报名参加这次会议，会议代表总人数近千人，正式代表700多人。一般大型国际会议至少需要2年的筹备时间，这次从批准到召开仅有不到9个月的时间，会议筹备工作难度非常大，很多具体的事项需要和世界知识产权组织沟通协调，达成一致，除了时间紧以外，会议的要求很高，难度很大，有些情况是我们事先没有预料到的。比如会期问题，中方从简洁高效角度提出建议会议控制在3—5天内，但是世界知识产权组织提出10—15天，并举例说明在维也纳召开的工业产权外交会议开了一个月。一个国际会议为什么开这么久？这和世界知识产权组织的体制机制有关，不是一般的国际论坛表态式的宣誓，而是要缔结一个国际条约，从程序到内容都要充分地表达成员国的意见，出现任何瑕疵都会影响会议的进程，在签订国际条约的外交会议上，遇到问题休会磋商是经常性的，因此，世界知识产权组织认为3—5天是肯定不行的。为此，经过反复磋商，最后确定会期为7天。再如会议应具备的软硬件条件，确定开会以后我们才了解到无论是北京还是上海，没有一个宾馆、饭店具备召开这样大型国际会议的技术条件，主要是多种语言的同声翻译问题。世界知识产权组织召开本次外交会议，确定了英、俄、法、西、中五种语言同时翻译，700多名正式代表，无论坐在主席台上，还是台下，均能同时听到不同语言的翻译。当时，承办会议的主场地——中国大饭店预定在召开会议的前一天装台，北京市提出会场布置至少需要3天时间。就这个问题，在和中国大饭店的廖晓淇董事长磋商时，廖晓淇董事长讲："我们开的所有会议都没有你们这样的装台时间，即使是总书记和总理来，我们也是当天晚上装台第二天就行了，你要相信我们中国大饭店的效率。"为什么仅装台就要3天时间呢？北京市侯玉兰副秘书长、冯俊科局长和王野霏副局长带组委会的同志们看了以后才了解到，这样的翻译规模和会场要求在我们国家从来没有过。第一，几十个译员坐在会场后端，要求和主席台平行，主席台上的每一位发言者都要听得到声音、看得到口形；第二，会议要求坐在台下的700多名代表能够同时听到不同语种的发言。为此，北京市专门从深圳一家公司购买了电缆设备及相关器材，大型货车装了60多辆，装台过程中，廖晓淇董事长到现场看后说："这样的会议中国大饭店还是第 次，在中国也是第一次。"

在国务院和组委会强有力的领导下，中国代表团为条约的缔结发挥了重要作用，中国代表团按照国务院的要求在会议期间积极参加了会议所有的活动，同世界知识产权组织和各国代表团广泛接触交流，充分发挥了东道主的优势。中国代表团团长柳斌杰在这次外交会议开幕的当天被大会推选为会议主席。作为会议主席，柳斌杰对会议讨论中出现的关于会员资格、法律条款等问题进行了引导和合理把握。在会下，通过和世界知识产权组织总干事、副总干事、助理总干事的讨论和磋商，妥善解决了出现的各类问题，保证了会议的顺利进行，会议代表称赞柳斌杰主席的热情、灵活以及出色的外交水准。中国代表团副团长刘振民利用其时任驻日内瓦代表团大使的身份，积极与参会的各个相关成员国驻日内瓦使团的官员沟通，发挥了积极的协调推动作用。由于条约签署涉及国内、国际诸多问题，各个代表团都非常重视。为了做好东道国，王岐山副总理在会议召开之前会见了世界知识产权组织的主要官员和各国代表团的主要成员，刘延东副总理出席开幕式并代表中国政府致辞，时任北京市委书记刘淇会见世界知识产权组织的主要官员并两次出席外交会议的重要活动，时任北京市市长郭金龙高度重视这次外交会议，先后六次参加会议期间的重要活动。北京市以北京市版权局为主，和相关部门紧密协作，为会议提供了一流的服务和保障。6月24日19时32分，《视听表演北京条约》获得一致通过，会场长时间响起热烈的掌声，许多代表团表示，这个条约是世界知识产权保护的一个重要的里程碑，中国代表团为《视听表演北京条约》的签署发挥了重要的作用。世界知识产权组织总干事弗朗西斯·高锐认为，《视听表演北京条约》的缔结充分体现了本次外交会议的开放性和建设性，而这就是开放中国的精神。

五

截至 2014 年 4 月，包括我国在内的 72 个世界知识产权组织成员国签署了《视听表演北京条约》。其中，中国、叙利亚和博茨瓦纳三个国家批准了《视听表演北京条约》。全国人大科教文卫委员会、全国人大常委会法工委和国务院法制办对这次《视听表演北京条约》提交全国人大审议再次做了周密的论证，在全国人大常委会审议《视听表演北京条约（草案）》时，许多代表提出为什么缔结以后还要批准《视听表演北京条约》？为什么现在加上中国也只有三个国家批准条约？有关工作人员做了认真的解释。第一，按照国际公约的规则，缔结条约和批准条约是两个程序，获得政府授权就可以作为条约的缔结国，现在已有 72 个国家缔结了《视听表演北京条约》。关于只有两个国家批准《视听表演北京条约》，因为《视听表演北京条约》缔结以后，根据世界知识产权组织的规则，必须有 30 个以上国家批准或加入以后，《视听表演北京条约》才能正式生效。《视听表演北京条约》是在我们国家缔结的，我们对此应该有积极推进的态度，如果我们自己都不加入，世界知识产权组织在推动别的国家加入时会遇到很多困难。第二，从世界知识产权组织缔结的其他国际条约来看，从条约缔结到条约批准生效一般需要6—10年的时间，比如1996年世界知识产权组织签署的《世界知识产权组织表演和录音制品条约》是2005年生效的，我国是在2007年才加入的。全国人大批准《视听表演北京条约》后，我们将和世界知识产权组织一同推动《视听表演北京条约》的早日生效。

全国人大常委会已经批准《视听表演北京条约》，我们将做好以下三方面工作：第一，根据《视听表演北京条约》规定的一些内容，涉及我国现行著作权法律修改的，我们将利用《著作权法》第三次修订的时机做好相关工作；第二，积极做好履行《视听表演北京条约》的宣传解释工作，做好社会公众特别是表演者权利保护的知识普及工作，让权利人、从业者以及影视、演出等有关行业理解、掌握、运用好《视听表演北京条约》；第三，积极开展有关的专项活动，积极推动相关著作权集体管理组织和行业协会的建立和发展，为表演者提供全面的保护和服务。

（本文原载《中国版权》2014年第3期）

关于版权经济价值的三个认识

（2014 年 5 月）

我们很少想到版权对经济有什么贡献，只认为版权对文化有贡献，认为版权激励了作品的产生，进而传播了文化。调查结论说明，人们普遍低估了版权的价值，版权产业的增长速度普遍高于国家国民经济的平均增长速度。2010 年，我国版权产业行业增加值占 GDP 的 6.57%，这一数字也有很多争议。版权的外延大于文化的外延，比如说计算机软件属于著作权管辖的范围，建筑物的外观设计作为美术作品受版权保护。文化和版权产业统计方法不同，范围、口径不同，对版权权重统计也不同，结论自然不同。美国等发达国家多年在 WTO 中居主导地位，现在美国开始摆脱多边框架，因为它发现在多边框架下自己占不着太多便宜。发展中国家出于发展的需要对多边框架也很重视，因为多边框架有时能更好地维护弱小者的利益。没有获得授权的便捷方式，作品就不能广泛传播，最终损害的是公众利益。法律制度要根据生产传播方式的变化而变化，在作者获酬权得到保障的前提下，可以考虑采取更多样的授权方式。现在的文化单位在宏观上对版权经营不够重视，对版权的价值认识不足。版权经营处于零散状态，很少去规划。我们目前的问题是版权作品数量众多，但有价值的版权作品还是比较少。

2014年7月11日，李克强总理会见了世界知识产权组织的总干事高锐，提到了"知识经济"以及"创新""核心竞争力"的概念。在李克强总理会见高锐的前一天，蔡赴朝局长也会见了高锐总干事。在会谈过程中，高锐总干事特别提出了"版权经济"的概念。"版权经济"是由"知识经济"这一概念引申而来。大家知道，创造性的知识是有产权的，通常我们把它分为专利权、商标权和版权。尽管现在它衍生出更多门类，但是专利权、商标权和版权仍是构成知识产权的主体。所以，讲"版权经济"，在逻辑上是没有任何问题的。高锐总干事认为，在中国，新闻出版影视领域是知识最密集的领域，在知识经济中，版权是最活跃的部分。今天我想就版权经济价值谈三个方面的认识。

一、关于版权价值的确认

版权是一种私有财产权。财产分有形的和无形的，版权是无形财产的一种，同时，版权又是一种私有财产权。承认这一点，我们才能研究版权的价值，这是一个起点，也是国际上研究该问题的出发点。

版权的价值因经济活动而产生。在农业社会，有文化，有文化产品，而无版权。关于这一点，我专门写过一篇文章说明。工业革命后，由于印刷技术的发明，书稿的复制方式由小范围抄传转变为一定批量的印刷，并由此为印刷复制者带来经济利益，这是版权产生的前提。

15、16世纪，英国和德国出版商发现他们印出书后会有人盗版，就要求政府干预。于是，英国皇室和出版商达成一个协定，政府出台《星法院法令》等法律规定来禁止他人未经出版商的许可复制他们出版的图书。同时，英国皇室提出要求，出版商不得刊载不利于皇室和政府的内容。这个协定就是用法律来保护英国出版商的经济利益的。这些情况在我国更早时候的宋代也发生过。宋代《东都事略》的牌记声明："眉山程舍人宅刊行，已申上司，不许覆板。""覆板"要追究责任，这一点和英德的出版商的利益要求是一致的。不一致的是我们不是机器印刷。我们那个时候虽然已经有泥活字和木活字，但仍然是手工操作。印刷术是我国发明的，但印刷机的发明在德国，15世纪德国人古登堡采用的金属活字印刷术获得成功，很快被传到欧洲其他国家并被投入产业实践，这通常被认为是版权保护制度的开端。但是，强调对出版商利益的保护还不是现代意义上的版权制度，当时法律并不清晰，人们只看到复制会带来经济利益，但这个利益是谁的？当时被认定为是出版商的。

随着出版业的发展，人们发现，首先要有作品，之后这种印刷成册的图书才会有利可图。认识到这一点，实际上就是认识到了作品和作品使用这两者之间的关系。此后经过了两百多年，到了1709年，在欧洲，英国颁布了《安娜法》，全称是《为鼓励知识创作而授予作者及购买者就其已印刷成册的图书在一定时期内之权利的法》。这个法案的标题在我看来，直到现在都是很经典的。这个标题，第一表明立法的目的是鼓励知识创作；第二认定权利的主体是作者，购买权利的是出版社；第三指出权利保护的客体是印刷成册的图书，即作品；第四规定权利的享有是有期限的。因此，《安娜法》被公认为版权制度建立的标志。

在我国，对于版权的归属，特别是作者和出版者的关系，有一个曲折的认识过程。由于经历了一个特殊的历史年代，新中国成立后的一段时间内，我们不提倡主张作者的权利，正如大家所了解的，我们有一个简单的稿酬制度，但没有著作权法。我国历史上首部著作权法是1911年颁布的《大清著作权律》，因此后国家历经战乱，这部法律从来就没有得到执行。新中国成立后，公有制的确立也必然导致人们对私权的淡漠。直到1990年，我国第一部《著作权法》才得以通过。这也是因为改革开放以后，我们连续在这个领域遇到一些问题，比如1979年与美国进行高能物理谈判，在谈判协议中，就需要附加一个版权协定。1979年，时任中共中央秘书长的胡耀邦同志批示"尽快着手"，"草拟版权法"。这部《著作权法》的出台也是当时所有立法中历时最长的一部，从起草到出台共12年。这里边有很多争论，主要的争论在于这是不是属于资产阶级法权，许多人认为作家是国家发工资养活的，作品是他的，他要署名、拿稿酬，他还要享有权利，这不合理。另外，我们当时也不认为这个权利是作者的，当时比较普遍的观点是：权利是出版社的。在20世纪80年代，世界知识产权组织在中国开展了一些版权宣传、培训，当时世界知识产权组织在南京举办了一期培训班，当总干事鲍格胥讲到版权的权利"是作者的，不是出版社的"这一观点时，会场就乱了，课没法往下讲了。来自出版社的参会人员纷纷质疑，"是我们出的书，怎么就变成作者的权利了呢?"从这段历史中，我们可以看出，我国著作权的意识在当时是不存在的。现在，我们在版权领域最大的进步是人们的认识发生了根本的转变。

总而言之，工业革命发现了版权的经济价值，并且因此确立了现代版权法律制度。但是在工业经济时期，版权和专利权、商标权在经济活动中不起主导作用。工业革命使机器代替了人力和畜力，生产效率提高了几十倍，带来了很多变革和价值的提升。在工业社会前后约三百年的历史中，专利发明、商标和作品等智力成果已经起到了很大的作用，但那时我们对知识价值的认识还不够，"知识经济"的概念还没有确立。

二、关于版权经济价值认识的发展与变化

（1）国际上对版权经济价值认识的发展与变化

在工业经济时代我们发现了知识的价值，但是那时知识经济并不是社会发展主要的推动力量。这一状况在 20 世纪六七十年代发生了很大的变化。

这个变化首先从美国开始。当时，美国作为二战后最大的获利者，发展非常快，迅速崛起。但是到了 20 世纪六七十年代，美国的经济却出现停滞。导致增长乏力的原因是什么？美国总统下令对这个问题进行调查，一个专门成立的专家队伍经过两年多调研，得出结论：美国的知识成果被他国滥用，知识创新的智力成果没有转化为经济优势和经济规模。同期，伴随美国经济停滞的是日本的迅速崛起和飞速发展，而日本的"东洋货"就是假冒和仿制的代名词。就知识成果的保护而言，当时美国国内法不够用，国际公约约束力不够强。在国际公约中，早在 1947 年于日内瓦签订的《关税和贸易总协定》（简称《关贸总协定》）约束力相对比较强，但该协定主要关注货物贸易。在这种背景下，美国认识到了包括版权在内的知识产权的重要性，开始作为主导国进行多边谈判。从 20 世纪 80 年代开始，从《关贸总协定》到

WTO，谈判持续了十余年，仅乌拉圭回合就进行了多轮谈判。当时发展中国家和发达国家形成很大的对立。谈判的结果形成了三个方案：一个是以美国为首的西方"八国方案"，一个是巴西、印度等国提出的"十国方案"，还有一个是阿根廷等国提出的"十国方案"。在这三个方案中，两个"十国方案"观点比较接近，"八国方案"与之分歧较大。当时美国的态度非常强硬，宣称如果知识产权保护问题不纳入谈判议题，美国就退出。经过旷日持久的谈判，美国逐渐取得了话语权，并推动制定了新的国际贸易规则，组建了世界贸易组织，通过了《服务贸易总协定》和《与贸易有关的知识产权协定》等国际公约。

此后，美国一直在强化对版权的保护，提高版权的门槛，特别是在软件、影视和图书等领域。它最具优势的板块是软件业和影视业，现在又增加了互联网产业。美国最早提出了版权产业的概念。它把版权产业分成两类：一类是核心版权产业；另一类是相关版权产业。其中，核心版权产业主要是指脱离了版权作品无法独立存在的产业，如图书产业，它需要依赖文字作品而存在。电影产业和音乐产业均如此。核心版权产业产值在十年前就占美国国家 GDP 的 5.7%，它与相关版权产业产值合计达到 11.7%，在 GDP 中占据了很大的比重。

与此同时，联合国重要机构世界知识产权组织也开展了对版权产业经济贡献的调研。与美国仅对其国内展开调研相比，世界知识产权组织开展的调研对象更加广泛，包括英国、比利时、新西兰、澳大利亚等国家。目前，该调研结果中文版已经在我国出版，即由法律出版社出版的《版权产业的经济贡献调研指南》。该书包含很多内容和观点，关于版权的经济价值，目前我国国内尚没有一个机构做出比它更权威的、更系统的研究。这本书对版权的价值有定量分析。比如说一栋建筑物，它的设计作为美术作品，其版权受到保护，该调研为版权价值在这个建筑的总投资中确定一个权重，如果版权价值权重是1，那么假设这个楼造价1亿元，版权的经济贡献就是100万元。也就是说，版权的价值有计算方法。这本书把版权产业分成四类，包括核心的版权产业、部分的版权产业、相互依存的版权产业和非专用支持的版权产业。

在这本书里，研究者通过调查得出一些重要的结论和观点：第一，版权对经济的贡献超出人们的想象。这一点很符合我们国家的实际，我们很少想到版权对经济有什么贡献，我们只认为版权对文化有贡献，认为版权激励了作品的产生，进而传播了文化。而各国的情况普遍如此。调查结论说明，人们实际上普遍低估了版权的价值。第二，版权产业的增长普遍高于国家国民经济的平均增长速度。研究者调查的是20世纪80年代以后的情况。我对此也进行过计算，一般情况下，版权经济增长速度要比其他经济增长速度高50%以上。如果这个国家国民经济的增长速度是3.7%，版权可能就是5%或者更高。这些观察和数据既是经过科学方法调查统计得出的一种结论，也是影响和指导人们从事版权经济活动的一种观点。只有在市场经济条件下，帮助创作者实现获酬权才能激励其不断地创新。第三，版权制度也使购买者在经济上达到平衡。生产效益和最佳的分配效益达到最好的平衡才能产生最大的经济贡献，而这一贡献最终惠及的是社会公众。

（2）我国对版权经济价值的认识

2006年我们引进出版了中文版的《版权产业的经济贡献调研指南》，向国内介绍了世界知识产权组织对版权产业经济贡献的调研结果。同时，我们和世界知识产权组织共同开展了中国版权产业经济贡献的调研。这项调研作为一种参考，没有在社会上进行宣传。因为调研的指标体系和国家统计局的指标体系之间并不衔接。国家统计局所持的是一种政府的统计指标体系，而我们的调研侧重于说明版权在推动经济发展中的贡献率，说明版权的重要性，说明它除了带来文化享受之外，也能带来经济价值、带来财富。

根据我们调研的最新数据，2010年，我国版权产业行业增加值占GDP的规模比例是6.57%，这一数字也有很多争议。我们全部文化产业的总和占GDP的规模大概是百分之三点几，还没达到 5% 的目标，怎么版权产业所占的比重比整个文化产业还大呢？

这就要从版权和文化的关系说起。

首先，脱离了版权，文化产业是不可能存在的。在现代的历史条件下来看，作品的创作者依法享有权利，无论享有权利的是法人还是自然人。这个权利不仅是人身权利，还是一种经济权利，是财产权，你要使用他人的作品，就要获得许可，这从道德上讲叫诚信，从法制社会的要求讲是遵守法律规定，需要获得授权再传播。在这种背景下，脱离了版权，不能获得对作品使用的授权，我们能传播什么呢？传播不了什么。由此可见，脱离了版权，文化产业就会成为无源之水、无本之木，失去产业生存发展的基础。

其次，版权的外延大于文化的外延。版权是有国际规则的，其中有我们现在无法改变乃至不甚理解的东西。比如说计算机软件属于著作权管辖的范围，这一点我们未必了解其缘由，不明白为什么软件不作为专利而要作为版权来保护。在《与贸易相关的知识产权协定》里，作为美国的优势产业，软件是与版权、专利、商标、地理标志、商业秘密等并行的一个保护对象。此外，上文提到建筑物的外观设计作为美术作品享有版权保护。这是很多人所不理解的。文化无所不在，那么，版权也应该无所不在。2007 年，英国的创意产业之父霍金斯受北京市的邀请和我们在东三环国际版权交易中心进行了一个不超过 20 人的小范围会谈。我请他谈谈版权和文化的关系，他就在黑板上画了一个洋葱，说版权就是洋葱的内核，内核以外就是文化。霍金斯的这个比喻未必科学严谨，但却十分形象地说明了版权与文化的关系。

搞科学研究，第一件事就是要确定概念的内涵和外延，只有确定了概念的内涵和外延，我们才不会出现认知不对称的问题。《版权产业的经济贡献调研指南》专门有一个章节叫"理顺术语"，提到在这个指南中有很多内涵相互重叠的术语，如版权、文化产品、作品、版权产业、创意产业、文化产业、文化经济，等等。它们之间是什么关系呢？书中提到，版权产业往往被理解为创意产业、文化产业的同义词，但实际上它们是不一样的。就作品的使用而言，创意产业、文化产业是要将作品复制、传播出去，以实现其经济价值，版权产业则是依靠作品的版权资源来实现产业的价值。刘云山同志 2013 年有一个批示："版权产业这一概念对多数人来讲还比较陌生，可做一些介绍，要把版权产业和文化产业的关系说清楚。"现在我们存在两个薄弱环节，一个是对文化和版权的关系了解不深，研究不到位，认识上有差距。江苏的同志讲，现在搞科技的不愿意谈专利，搞文化的不愿意谈版权。这种现象的确存在，而且是不利于文化发展的，因为我国的版权制度是一种受法律保护的客观存在，又是国际规则所约定的，是难以回避的。另一个薄弱环节就是面向全社会的版权宣传、介绍、普及很不够。

三、发展版权经济面临的新情况、新机遇、新挑战

在发挥版权作用、挖掘版权经济价值方面，我们现在面临一些新情况、新机遇、新挑战。

（一）新情况

第一个新情况，智力成果在经济建设中发挥的作用越来越大，或者说是一种决定性的作用，形成一种核心竞争力。核心竞争力强调人凭借自身的智慧来进行创造发明或者组织协调经济活动。人是不直接产生价值的，人通过创造出的智力成果在经济社会中的广泛应用，产生效益，进而推动社会、经济发展。这一点我们看得越来越清楚。中国是人口大国，人均占有资源有限。制约发展的因素非常多，我们现在的发展要调结构、转型，就是要摆脱对资源的依赖，摆脱低效率的生产模式。从低效率、重污染的生产模式向更好的增长方式转变，我们就要依靠智力创新成果。创新成果主要表现为专利权、商标权、版权等知识产权的创造与使用。版权也是推动增长的一个重要的因素。2007年我访日时，日本软件联盟秘书长梅田久送我一本他写的新书，他特别介绍说，书中有这样的观点："20世纪是专利的时代，21世纪是版权的时代。"前面讲到，我国版权经济贡献超过6%，实际统

计的数字比这个还高，上海的统计数字已经超过11%了。文化和版权产业统计方法不同，范围、口径不同，对版权权重统计也不同，结论自然不同。

第二个新情况，互联网颠覆了以往的生产和传播方式。互联网既涉及专利，也涉及商标，但更多的是涉及版权。在互联网所有的影视、音乐、舞蹈、戏剧、图书等产品中，我们搜寻最多的都是受版权保护的内容。我们在使用中为每一部作品适当付一点费用，这个总量就不得了。实际上我们绝大多数人并不排斥付费。我们传统的出版流程是先组稿，三审三校后，发稿、印刷，再到流通、发行环节，互联网则把这些环节扁平化，把它们变成了一个环节，这是一个非常大的挑战，颠覆了以往的生产和传播方式。

第三个新情况，美国等发达国家多年在 WTO 中居主导地位。在 WTO 多边框架下，众所周知，美国经常诉中国，欧洲也经常诉俄罗斯。现在美国开始摆脱多边框架，因为它发现在多边框架下自己占不着太多便宜。现在发展中国家出于发展的需要对多边框架也很重视，因为多边框架有时能更好地维护弱小者的利益。在国际上，多边是比较容易达成公平的。在多边的框架下，美国和发达国家主导的局面在发生变化，所以大家会注意到，现在双边或者区域协定有取代多边的态势。比如说美国主导的《跨太平洋战略伙伴协定》（TPP），以及美国和欧洲启动的《跨大西洋贸易和投资伙伴协定》（TTP），两个协定所涉及的贸易额加起来占全球经济总量的70%，如果得以实施，多边框架可能会被闲置。从我们国家的情况来看，维持多边体制还是很重要的，这有利于主张我们不同于美国和欧洲的版权利益要求。世界知识产权组织总干事高锐主张南北平衡，还是比较客观公正的。我国批准加入的《视听表演北京条约》，经过近二十年的讨论、磋商，美国和欧盟对该条约的认识才基本趋于一致，发达国家和发展中国家南北之间的分歧逐渐缩小，2012年该条约在北京成功缔结。目前已有包括我国在内的72个世界知识产权组织成员国签署了该条约。

（二）新机遇

改革开放之后我国才逐步进入工业社会，现在已经进入后工业社会，即知识经济社会。我们的机遇是什么？我们不必再重复以往几百年的历史，我们可以有一个更高的起点，可以实现一个新的跨越。比如，我们刚从农业社会跨过来，但我们的互联网产业很快在全球经济中总量排第二，总规模排第一。就版权来讲，中国有两个优势：首先，中国人在版权方面的创造力很强。目前我们的模仿太多，盗版太多，大家没有一门心思开发好作品，创作出的好作品又易被侵权，这是我们最大的问题。但同时这也是我们的优势，一旦有更好的创作环境，更多的好作品会源源不断地涌现。其次，我们还有一个最大的优势，就是我们市场规模大，这意味着我们的内需很大。实际上，小的国家难以完全通过内需来支撑版权产业，中国的文化市场足够支撑起版权产业，这是我们很大的优势。

与此同时，版权的价值在我国开始受到重视，市场逐步开始规范，与十年前有天壤之别。例如，以前视频网站使用别人的作品并不付费，现在视频网站都说它们在版权上花费太多，快要付不起了，因为现在规范了，权利人拿到钱了。再比如央视，以往我们认为电视台就是使用别人的东西，现在我们发现，央视的版权资产也很大，盘活之后将是一个很大的增量。做得更好的是上海东方传媒集团，至少在四五年前就来找我谈版权的资产和应用管理问题，现在它直接的版权销售额就达到 24 亿元，占总收入的 14%。这个比例已经比较大了，但是和国际上相比差距还很大，比如 BBC 总收入的 29% 来自版权收入，时代华纳的数字则是 43%。媒体一方面是作品使用者，另一方面它们也有自己的版权节目。

由此可见，中国要发展市场经济，要在文化上和别人竞争，就必须高度重视作为文化发展战略和基础性资源的版权，它不以人的意志为转移。十年前我们的卡拉 OK 场所收费，各种批评甚至抨击铺天盖地。我们面临社会公众和有关部门的双重压力。领导和群众都不理解，质疑我们怎么能收卡拉 OK 的钱呢？现在老百姓都知道，营业性的歌厅应当向词曲作者、音乐制作人付费，你使用了别人的作品怎么能不付费用呢？

这些年，国家一直在打击侵权盗版，也降低了刑事打击的门槛，版权保护的环境有了很大改善。有一定规模和影响的企业，尤其是互联网企业和文化企业，都希望在合乎法律规范的情况下开展经营。企业做得越大，守法的意识越强。我国的版权经济发展面临着一个很好的历史机遇。

（三）新挑战

我国目前的情况是，一方面，侵权盗版仍然严重；另一方面，我们的打击力度在不断加强。对于侵权盗版的打击，在目前阶段，政府要发挥主导作用。很多学者认为政府不应该管这些，理由是它涉及的是民事权利。可是，既然是民事权利，为什么美国政府总拿版权找我们的碴儿呢？权利是民事权利，但是作品授权以后的使用不是个别人的事，而是社会性的。对这个问题，大家的认识现在比较一致了，政府在这段时间应该发挥作用。

所以，我们面临的挑战，第一个问题就是政府能不能发挥作用。严重的侵权盗版就是在考验政府能否发挥作用，是否是一个高效的政府。

第二个问题，权利人的获酬权如何得到保证。这个问题重点在互联网方面，比如音乐作品，我们的作者很多时候拿不到钱。总部设在英国的国际唱片业协会主席多明戈曾介绍，协会现在已经摆脱了困境。2013 年协会的音乐收费增长

51.3%，首次超过 10 亿美元；表演权收费首次达到 11 亿美元，增长 19%，占唱片业总收入的 7.4%。与此同时，协会的实体音乐也在增长。比如 2013 年黑胶唱片的收入增长了 32%，其中在英国增长了 101%。整体情况是向好的方向发展。

目前在我国，视频网站在保证作者的获酬权方面做得相对比较好，有两个领域在互联网的获酬权方面值得重视，一个是音乐，另一个是文字作品。就文字作品而言，大多数作家拿不到钱，有个别作家拿点儿钱，也主要因为给网站做了广告或形象宣传。解决了这个问题，我们才能推动互联网产业有更好的发展。现在像腾讯、百度这些网站并不缺钱，也愿意付费，但是作为使用者，它们该如何付费？

第三个问题，网络环境下，使用者如何便捷地获得授权。这实际上回应了刚刚提出的问题，使用者想付费，钱交给谁？不可能一个一个来。比如音乐作品，多明戈介绍国际唱片业协会在全球拥有 37000 万首音乐作品，这么大的量怎么能一个一个谈呢？没有获得授权的便捷方式，作品就不能广泛传播，最终损害的是公众利益。

第四个问题，法律制度的适用和创新问题。互联网出现后，我们曾思考，现存法律制度是否会永远延续下去，到人类社会的终结都不发生变化？现在许多学者在思考技术变化以后的立法原则问题，并认为法律制度要根据生产传播方式的变化而变化，在作者获酬权得到保障的前提下，可以考虑采取更多样的授权方式。我赞成这样的观点。现在各国也有一些不同的做法。比如法国的"三振出局"法案和美国就有一些区别。法律存在适用性问题，法律制度也存在改进和创新的问题。

第五个问题，现在的文化单位在宏观上对版权经营不够重视，对版权的价值认识不足。我们的版权经营处于零散状态，每签一个合作，实际就进行了一次版权贸易，但是我们很少去规划：我们接下来的方向是哪里，我们今年要签什么样的版权作品，这些版权作品要在市场上形成多大规模？这其中当然还需要其他手段，但我们的确没有从版权角度去思考这些问题。中央文资办的同志很敏锐，对此专门进行了分析并指出，我国文化资产（指无形资产这部分）大多处于沉默状态，正如文资办王家新主任所言，文化领域的版权资产有多少是我们不知道的，只知道去买，买来了以后出现后续使用不够的问题。还有很多版权在我们的仓库里，在总编室，我们不知道我们现在有多少书还有市场价值，有多少东西还在专有出版权有效期内。国际上有一些出版商并不印书，只是选取一个市场需求，找到最合适的作者写出来，然后通过售卖版权营利。我们有些版权是可以卖掉的，但出版社很少注重销售版权。提倡出版"走出去"以后，大家觉得能"走出去"面子上好看，统计数字好看。但实现经济收益和占有市场才是"走出去"最终的目的。如果没有市场，走出去的图书没准儿就压在人家仓库里面，你跟人家签了 50 本书的对等协议，50 本书的市场总量是多少？他卖给你的 5 本可能就比你 50 本的市场总量大。

第六个问题，版权的资产管理，这和上一个问题是相关联的。比如说租型，假如针对某一本书，出版社的发行部门认为已经没有市场了，只能卖出 1 万册。这时一个民营书商说能卖 5 万册，那么出版社就可以向民营书商提供租型。实际上这体现的就是版权资产的价值，出版社在专有出版权期限内应该将资产效益发挥到最大。版权的资产管理还包括版权的登记、确权、评估、市场流动等，目前这些方面我们做得还不够。

第七个问题，数量和质量的问题。目前我国年产电影 600 多部，影视剧约 1 万集，图书约 42 万种，总量不小。就电影产量而言，我们已经超过美国，那么我国电影产业的规模有没有美国大呢？不一定。就图书的品种而言，我国也是世界最大，但是我们的总印数和总销售额相对有限。这种情形恰好和我们所处的发展阶段相符合：我国是经济大国，不是经济强国；我国是知识产权大国，不是知识产权强国。目前，我国专利、商标的申请和获批量都是世界第一，版权的登记量中软件 16 万件，作品 80 多万件，考虑到版权登记工作目前还不完善，我认为中国目前应该享有权利的作品实际上不会少于 1000 万件。我们目前的问题是版权作品数量众多，但有价值的版权作品还是比较少。

（本文原载《现代出版》2014 年第 5 期，《新华文摘》转载）

大数据时代的版权与文化

（2014 年 11 月 15 日）

　　文化和版权的关系密不可分，且相互促进。我们曾有一段时间认为，如果对版权的关注过多，会制约文化的发展。实际上，从世界发展的历史进程来看，无序、盗版和不经授权的随意使用，才会扼杀文化，而版权恰恰是激发文化创造力的法律制度保障，是助推文化发展的动力。作品是作者的智力结晶，对创作者而言，创作作品既是一种高尚的精神活动，同时也是其赖以谋生的手段。智力成果的使用应当遵循一定的市场交换原则和规则，使创作者能够得到回报，才能进行新的创作活动。关于版权保护，无论在物理空间还是网络空间，都应遵守同样的原则，要遵循法律的精神，要尊重知识、尊重创造，要使作品能够按照法律的要求有序传播。

　　现代信息技术飞速发展，移动互联网和大数据极大地改变了人们的交流方式和文化传播方式，为版权产品和版权使用形式的创新、版权保护和管理能力的提升以及版权产业的发展创造了良好的技术条件，也带来了诸多挑战。

一

文化和版权的关系密不可分，且相互促进。我们曾有一段时间认为，如果对版权的关注过多，会制约文化的发展。实际上，从世界发展的历史进程来看，无序、盗版和不经授权的随意使用，才会扼杀文化，而版权恰恰是激发文化创造力的法律制度保障，是助推文化发展的动力。

版权的主体是作品的创造者，版权的客体是文学、科学和艺术领域内的一切成果，诸如各类出版物、影视戏剧、音乐舞蹈、美术摄影、建筑外观、雕塑、实用工艺，甚至计算机软件，可以说涵盖了文化的各个方面。版权的主客体是文化的基础。因此，如果脱离了作品的创造者，脱离了丰富多彩的文化作品，文化就会成为无源之水、无本之木，失去产业生存发展的基础。

版权制度的产生，保障了作品创作者和传播者的利益，鼓励了优秀作品的涌现，使作品通过有序传播和转让实现市场价值。表面上看，它在平衡作者和传播者两者的利益，但版权制度的最终目的是促进文化的发展，从而使公众受益。

作品是作者的智力结晶，对创作者而言，创作作品既是一种高尚的精神活动，也是其赖以谋生的手段。智力成果的使用应当遵循一定的市场交换原则和规则，使创作者能够得到回报，才能进行新的创作活动。版权保护制度正是一种对这种创造活动从产权角度进行激励的制度，它以激励创新、保护创造性智力成果为基本出发点，通过保护权利人的利益，激励其创作更多的优秀作品，用不断涌现的优秀作品为人类文化发展做出贡献。

版权制度通过赋予作者权利，允许作者让渡权利，以及对权利进行必要的限制，以此来促进作品更有序更广泛地传播。而作品的广泛传播，不仅使公众更多地享有知识和文化，也推进了文化的发展和社会进步。

二

在我国，版权制度起步虽然晚，与发达国家相比存在不小的差距，但经过多年努力，我国的版权保护环境有了很大的改善和提高，得到了国际社会的广泛认可和好评。特别表现在互联网版权保护方面。近年来，随着互联网的迅猛发展和快速普及，互联网领域的版权问题日益突出，不仅成为国际知识产权领域关注的焦点，也成为制约我国互联网产业发展和文化安全的突出问题。互联网的快速发展，既带来了挑战，也带来了很大机遇。在十几年前，突出的问题，一是立法欠缺，二是网络侵权盗版泛滥、网络执法十分薄弱。针对这些新情况、新问题，国家版权局积极推动网络版权法律体系的构建和完善，2001 年修订的《著作权法》明确了作者对其作品享有信息网络传播权，2005 年颁布的《互联网著作权行政保护办法》重点规范了网络服务运营商的版权行政责任，2006 年颁布了文化领域第一个互联网的行政法规——《信息网络传播权保护条例》。由于网络新技术发展快，现在又有修法、修订条例的紧迫需求，但从全国来看，网络版权法律、法规建设仍然是走在前面的，这为网络版权执法监管工作提供了有力的法律依据。另一个薄弱环节是网络版权执法。国家版权局是中央国家各部门中最早在网络领域开展版权执法工作的。自 2005 年开始，联合工业和信息化部（原信息产业部）、公安部（近年来又加入国家网信办）在网络领域组织开展打击侵权盗版专项行动——"剑网行动"，至今已连续开展了 10 年，每年都能查办一批大案要案，仅 2014 年一年查破的重点案件就召开了两次新闻发布会，向社会公布了案件查处的情况，有效打击和震慑了网络侵权盗版活动，网络版权秩序明显好转。

总的来说，关于版权保护，无论在物理空间还是网络空间，都应遵守同样的原则，要遵循法律的精神，要尊重知识、尊重创造，要使作品能够按照法律的要求有序传播。正是基于这一点，国家版权局这些年坚持不懈地开展在物理环境和网络环境中打击侵权盗版的活动。现在中央对网络管理提出了更高的要求，而且认为网络是关系到我们国家命运前途的一个重要领域。"剑网行动"中大批网络侵权盗版案件的查处，一方面说明我国的网络版权保护是卓有成效的，另一方面也说明网络侵权盗版仍然存在，网络版权保护形势依然严峻。因此，贯彻落实中央精神，依法规范网络版权秩序，净化网络空间，推进网络空间法治化，仍需不断加大对侵权盗版的打击力度。

三

版权本身包含了创新、使用、管理和保护等诸多方面，多年来，随着国家知识产权和创新驱动战略的实施，作为知识产权主体部分的版权，地位和作用越来越重要，我国的版权管理和保护水平也不断提升，版权工作逐步进入一个新的阶段，这个新阶段的标志是：从注重版权保护，到版权创新、版权使用与版权保护、版权管理并重。

今天我们这样一个主题论坛，更重要的是来讨论在移动互联网和大数据时代，如何发挥版权的积极作用，如何通过充分发挥版权在文化发展中的基础性、资源性作用，来充分挖掘版权价值、推动产业的发展。在此，我有三点思考，供大家参考。

一是关于互联网思维问题。2014年8月，中央全面深化改革领导小组审议通过了《关于推动传统媒体和新兴媒体融合发展的指导意见》，这是一个重要的决定，为我们文化、出版和版权工作者在新技术新形势下开展工作指明了方向。

无论是传统出版企业还是新兴互联网企业，都时常提到互联网思维，提到要运用互联网思维。那么，什么是互联网思维？除了大家总结的"在线""互动""免费＋增值"这些特征以外，我个人的理解是，当互联网产生以后，互联网发展有它特定的规律，我们要认识这个规律，按照这个规律开展我们的工作。从唯物主义的观点来讲，是存在决定意识的，当事物向前发展以后，我们的思维一定要跟得上，如果没有跟上，就会出现滞后，落后于事物的发展。因此，互联网思维最基本的就是实事求是，就是按照事物规律办事。在互联网和大数据时代，我们要看到文化产品的生产和传播方式发生了根本的变化，甚至创作方式也发生了很大的变化。比如，盛大文学的一部文学作品，每天有上千万人在阅读。不仅阅读，还在评价，并且对小说作者提出下面章节该怎样去写，该怎样去修改等很多建议。可以说，作品的创作过程、生产过程和传播过程几乎完全融为一体。而在传统出版企业里，工作流程都是分段、分环节的。做生产的就是出版社，做发行的就是新华书店或者发行公司。互联网中，文化产品的生产传播方式和传统文化生产传播方式很不一样。因此，在互联网中进行文化传播时，我们就要遵循其规律，否则可能会有很多投入，但是却看不到产出，做了很多事，但是却看不到相应的效果，大家在这方面会比较困惑。简单来说，对于互联网思维，我的理解就是需要按照互联网的规律办事，只有按照客观规律办事，才有可能产生好的效果。

二是要充分认识到版权的价值。版权的价值在国际上是得到认同的，美国人最先认识到这一点，并开展调研。调研什么呢？调研版权在经济和社会发展中的贡献究竟有多大。比如一部小说出来以后，在传播过程中能够产生多少价值、带动多少就业和财富增长，等等。随后，世界知识产权组织在几十个国家开展了研究，这个研究表明，版权在后工业时代，其价值是很高的。版权不是在大量地消耗能源、资料和资源，而是依靠、依托了一些创造出来的智力成果，在传播过程中产生很大的价值。近年来，我国也在开展这方面的调研，并且得到了中央领导和社会大众的关注和好评。总体来说，认识版权的价值，就是要认识到在文化发展中，版权是基础性的、战略性的，如果脱离了文学、音乐、舞蹈、艺术、影视等作品，我们去传播什么呢？

三是如何把分散的版权资源聚合起来。如何把优秀的版权资源从无数版权中遴选出来，这是一个很大的课题。中国是一个有13亿人口的大国，创造是非常踊跃的，作品数量也是非常大的，这就使得很多好的作品可能会被淹没，而很多没有价值的作品却被传播。所以，把优质的版权资源从数量庞大、价值不同的版权中遴选出来，是一个非常重要的问题。另外，在互联网时代特别是移动互联网时代，如何把优质的版权资源整合、集约起来，而不是单打独斗，这也是需要我们思考的一个非常重要的问题。应该说,大家现在对这个问题都有一些认识,我也认为在未来的3—5年,一定会有很大的变化。现在大家能够看到,在网络视频领域,这种整合已经产生了很明显的效果,比如说优酷、爱奇艺和腾讯视频,已经有相当的资源积累,也有了相当的影响力和市场份额。与网络视频相比较,当前的网络音乐和文字领域是薄弱环节,当然也有像盛大文学这样做得很好的企业,但整体上还是处于小、散、乱的阶段。客观原因是音乐、文字领域的权利人更分散、更薄弱,但缺乏联名、集约和对等谈判则是更为重要的原因。从现状来看,现在文字和音乐同样是最具潜力的领域,这一点我认为将很快被实践证明,机遇只给予具有远见卓识而又能迅速行动起来的人。

党的十八大提出唱响主旋律,十八届三中全会、四中全会提出发挥市场的决定性作用和依法治国的总方针。我相信,在大家的共同努力下,在法制和理性的指引下,汇聚智慧、融合共赢,一定能够充分发挥版权的价值,推动文化的进步和发展。

(本文为作者在第七届中国版权年会主题论坛上的演讲,有删改)

强化版权保护　建立网络版权新秩序

（2015 年 12 月 17 日）

　　衡量版权治理成效最根本的标准，是权利人的权利是否得到尊重，权利人是否在使用者那里能够拿到报酬，同时也要看使用者是否投入恰当的资金来获取这些授权。但是从国际范围看，也要注意另一种倾向，就是脱离实际地抬高知识产权的保护门槛。版权和其他知识产权都有一个前期投入和后期回报的平衡问题，如果不保护，投入创新拿不到回报不行，但是一次投入无期限、无限制，垄断市场和价格的回报，也不是人类创造和发展知识产权的本来意义。因此，版权和其他知识产权都有既要防止保护不够、损害创新的问题，也要防止垄断和滥用的问题。

　　互联网的产生和发展，改变了世界也改变了中国。改变了人类的生存、生活方式，也为二十多年前相对落后的中国在互联网领域实现快速健康发展，提供了难得的机遇。

　　在著作权领域，中国政府 2001 年修改《著作权法》时把信息网络传播权纳入其中，2005 年中国国家版权局和信息产业部联合颁布了《互联网著作权行政保护办法》，2006 年中国国务院出台了《信息网络传播权保护条例》，2007 年中国全国人大常委会批准加入世界知识产权组织《世界知识产权组织版权条约》和《世界知识产权组织表演和录音制品条约》两个重要互联网国际条约。

与此同时，2005 年，中国国家版权局与公安部、信息产业部联合开展了网络环境下的版权治理专项行动，即"剑网行动"。经过十年的坚持和治理，网络环境下侵权盗版乱象大为改观，网络运行开始从无序走向有序。比如，对网络视频领域的治理取得了显著成果，这项工作得到了权利人、使用者和社会各方面的广泛认同。又比如，中国国家版权局正在开展的网络音乐治理行动，也得到了权利人和使用者的支持和认同。一些重要的音乐网站开始清理和下架未经授权的音乐作品。此外，对网络环境中的版权热点难点，中国国家版权局高度关注并依法予以治理，譬如网络转载新闻作品、网盘服务、应用程序 APP、体育赛事节目转播中的版权保护，等等。

衡量版权治理成效最根本的标准，是权利人的权利是否得到尊重，权利人是否在使用者那里能够拿到报酬，也要看使用者是否投入恰当的资金来获取这些授权。同时也要看到，一方面，在今后创新、协调、绿色、开放、共享的发展进程中，智力成果在推动社会进步、经济发展方面所发挥的作用将更加突出；另一方面，著作权的纠纷和矛盾也更加凸显，这就决定了今后几年中国国家版权局仍然要将版权保护放在版权工作的重要位置。

在建立网络版权新秩序的实践中，也有几点看法与大家交流：

一是版权和法律、经济的关系。版权和法律的关系是不言而喻的，版权是因创作作品而产生的权利，是受法律保护的。而版权与经济的关系容易被忽视或者不愿意被提及。事实上，从著作权制度的诞生就能够看出，当复制作品有利可图时，这个经济上的动因催生了现代版权制度。三百年后的今天也是一样，经济上的动因、利益的调整与分配驱动法律的修改和调整。捅破这层窗户纸，有利于理性科学地看待网络中出现的各种问题，有利于推动建立网络新秩序，有利于激励创新，激励好作品不断涌现，同时也有利于降低社会网络治理成本。在世界知识产权组织的指导下，中国开展了版权对中国经济和社会发展的贡献调研，这个调研不是要替代其他的社会统计，而是要让人们清楚地看到，版权不仅对文化发展有贡献，对经济发展也有贡献，这有助于人们认识版权的价值，认识不同类型作品的不同价值，也认识同一类型的作品因质量优劣而价值不同。这无论对于创新发展，对于社会进步，还是对于公众享受更好的文化作品，对于政府管理都是很有意义的。

二是版权和文化的关系。我认为版权和文化之间有天然的血缘关系，虽然文化远远早于版权制度产生，但是版权制度产生以来，所有的有价值的文化作品都不可避免地打上版权的烙印。我们既不能抽象地谈版权，也不能抽象地谈文化。任何版权都是一定作品的版权，书的版权，影视的版权，音乐的版权，等等。脱离了具体的作品就没有版权。而文化也不是抽象的文化，也一定有它的表现形态，如文字作品的表现形态，视听艺术的表现形态，等等。就版权和文化的关系，我曾经请教英国创意产业先驱霍金斯先生，他在黑板上画了一个洋葱，然后告诉我，版权就是这个洋葱的内核，而洋葱就是文化。虽然不一定很严谨，但很形象生动。前两年有人告诉我，现在搞科技的人不愿意谈专利，搞文化的人不愿意谈版权，真是令人遗憾。

三是要处理好加强保护和防止垄断滥用的关系。当前，中国仍然是版权保护不足，要加强保护。这是我们的工作方针，这一点是坚定不移的。加强保护是为了鼓励创新，为创新发展提供一个良好的有秩序的市场环境。但是从国际范围看，也要注意另一种倾向，就是脱离实际地抬高知识产权的保护门槛。版权和其他知识产权都有一个前期投入和后期回报的平衡问题，如果不保护，投入创新拿不到回报，但是一次投入就无期限、无限制，垄断市场和价格的回报，也不是人类创造和发展知识产权的本来意义。因此，版权和其他知识产权都有既要防止保护不够，损害创新的问题，也有防止垄断和滥用的问题。

中国的著作权保护起步比较晚，还存在许多矛盾和不足，特别表现在互联网领域，但是我们有信心和能力，依法治理网络环境中的多类侵权问题，认真履行国际承诺，在《与贸易有关的知识产权协定》框架下，在《保护文学和艺术作品伯尔尼公约》《世界知识产权组织版权条约》《世界知识产权组织表演和录音制品条约》等国际条约的框架下，广泛深入地进行多双边国际版权交流与合作，推动建立国际版权合作新秩序，推动建立网络环境下的更加健康有序的版权制度，以惠及广大的创作者、使用者和社会公众。

（本文为作者在第二届世界互联网大会互联网创新与知识产权分论坛上的致辞，有删改）

难忘版权十三年

(2018 年 11 月)

软件正版化、版权执法与"剑网行动"、中国的著作权集体管理、《视听表演北京条约》的缔结，以及版权宣传与教育，是我国 2005 年至 2017 年知识产权战略制定中的开创性工作。本文展示出这几件大事的来龙去脉，指出这些开创性工作的意义在于：从社会和公众十几年前对版权几乎一无所知，到现在版权人人皆知，到处都在议论版权；版权在推动文化繁荣发展、创造社会财富方面发挥的作用越来越大。我们既要总结和肯定已经取得的成绩，又要看到现在依然存在的差距和不足。

2001 年我国加入世界贸易组织，签订了《与贸易有关的知识产权协定》，当时我国的知识产权压力陡增，既面临着来自国际上的压力，也面临着国内强烈的发展诉求和保护不够的压力。在党中央、国务院领导下，我国知识产权各有关部门艰苦卓绝，奋力拼搏，取得了显著的成绩。但是就整体环境而言，我国的知识产权工作滞后于科技进步，滞后于经济与社会发展。无论在国际交往还是在国内发展中都是矛盾的焦点，整体上仍然处于被动状态。在这样的大背景下，党中央、国务院高瞻远瞩，2005 年启动了《国家知识产权战略纲要》（以下简称《纲要》）的制定工作。这项工作当时有 32 个部门参加，2007 年完成，2008 年国务院正式发布实施，到 2018 年《纲要》实施整十年。从《纲要》的启动迄今已经十三年了。

我于 2004 年 4 月出任国家版权局专职副局长，到 2017 年卸任国家版权局专职副局长，有幸参与了《纲要》的启动和实施工作的全过程。特别是关于版权这一部分，许多事情涌上心头，恍如昨日，刻骨铭心。

一

软件在国家经济和社会发展中具有十分重要的战略意义。软件是各个行业发展的基础性、先导性产业，软件的特点是投入大，研发难度大，复制很容易，特别是在网络环境下，边际成本几乎为零。我国加入 WTO 之后，知识产权领域面临的问题很多，压力很大，但最突出的就是软件著作权的保护。中美商贸联委会谈判，乃至中美首脑会谈，都提到软件的著作权保护问题。就我们自身而言，软件著作权的保护既关系到履行国际承诺，又关系到我国自身的发展。

我到国家版权局履新的第一天，时任国家版权局局长石宗源对我说："晓宏同志，版权局的人员不多，工作繁重，但是你第一位的工作就是要抓好软件正版化"，之后国家版权局的几任局长龙新民、柳斌杰、蔡赴朝、蒋建国、聂辰席对软件正版化工作都高度重视，专题研究，悉心安排部署。2006 年，国务院批准成立了由国家版权局、商务部、财政部、国务院国资委等 15 个部门组成的推进软件正版化联席会议。

2005—2017 年，国务院时任副总理吴仪、王岐山、汪洋，多次听取推进软件正版化工作汇报，推进软件正版化联席会议的各个成员单位做了大量卓有成效的工作。根据国务院的要求，各省、自治区、直辖市政府部门"一把手"对软件正版化工作负总责。国务院办公厅几次就软件正版化工作发文提出要求，国家版权局与工业和信息化部、财政部、国管局、国务院国资委、银监会、证监会、保监会等联席会议成员单位按照国务院的工作要求，每年都制定工作目标，确定重点工作任务，全力以赴做好软件正版化的培训考核和督察工作。当时工作很辛苦，经常连轴转，记得有一次我两天跑了三个省，向省分管领导传达国务院关于软件正版化工作的指示和要求，通报该省软件正版化的进展情况和存在的问题。

由于软件正版化是一项新的工作，软件又有看不见摸不着的特征，各地在这项工作启动的前几年，认识上是存在差距的。特别是由于这项工作都是到下面查找问题的，地方不是很欢迎。有一次我忐忑不安地对吴仪副总理说："我们到各地搞督查，要打国务院和您的旗号。"吴仪副总理斩钉截铁地对我说："打，当然要打。"

有一年，我们根据工作进展情况，准备把进展缓慢的十二个省分管的秘书长和省有关职能部门负责人请到北京，通报情况，努力加快推进软件正版化工作进程。我向时任国务院副秘书长毕井泉汇报这项工作，并提出希望他能到会，听取汇报，并向这些进度慢的省提出工作要求。当时会议地点都定好了，正准备发通知，毕井泉副秘书长来电话，他说："晓宏同志，我向岐山同志汇报了这件事，岐山同志指示，这个会先不用开了，岐山同志将直接和省长沟通。"事后我才知道，第二天，王岐山副总理专门抽出时间与这十二个省的省长直接通话，对软件正版化工作提出明确要求。

党的十八大之后，2012 年，汪洋同志接任国务院副总理，对软件正版化工作高度重视，一年之内，四次召开打击侵权盗版和假冒伪劣领导小组会议，每一次都专门安排听取软件正版化的工作汇报。由此我体会到，软件正版化工作取得成效，除了联席会议成员单位和各省、自治区、直辖市的重视和推动，最关键的是党中央和国务院的高度重视。

软件正版化工作按照党中央和国务院的要求按期完成

了，这项工作在整个知识产权战略实施中，虽然只是一个很小的部分，但是又很特殊，它表明了党和国家在保护知识产权方面的鲜明态度，也起到了率先示范作用。仅仅从软件产业自身来看，软件正版化对软件产业的推动作用也是非常大的。这里有两组数字很能说明问题。

第一组数字：2005 年我国软件著作权的登记总量不到 3 万件，到 2017 年我国软件著作权的登记总量突破 50 万件。

第二组数字：2005 年我国软件产业总产值仅有 750 亿元，到 2017 年年底，我国软件产业的总产值突破 5 万亿元。

这两组数字能够说明，在知识产权战略制定与实施的这十多年中，我国软件的创新能力极大提升，软件产业产值增长迅猛，各部委各级政府和大型国有企业率先使用正版软件，起到了积极的示范和推动作用，营造了良好的国内国际环境。中央领导指出："软件正版化最根本的，关系到我们自身的发展，软件正版化虽然取得了阶段性成绩，但是仍然存在着不少问题和挑战，任重道远，必须尽快建立长效机制。"这里讲得非常精辟，我认为软件正版化工作不能有任何的松懈情绪，否则出现反弹是很可能的。

二

2005 年，国内侵权盗版问题很严重，一方面是物理环境的侵权盗版，譬如盗版的光盘，盗版的书刊，等等；另一方面，随着网络的兴起，网络中的侵权盗版问题更为严重。当时，国际商业软件联盟、美国电影协会、国际唱片业协会以及日本、韩国等著作权社团组织，到中国的第一件事，就是到国家版权局投诉侵权盗版问题，当时美国电影协会主席丹格·里特曼当过美国的农业部长，对中国的情况很熟悉，对知识产权也很熟悉。一年好几次来中国，在首都机场下了飞机，先去收集购买侵权盗版的光盘影碟，然后直奔国家版权局。中国政府是负责任的政府，是坚决履行国际承诺的政府。在全国"扫黄打非"工作小组和全国打击侵权盗版假冒伪劣领导小组的直接部署下，各地的版权执法部门会同公安部门、文化执法机构竭尽全力查破了一批侵权盗版的大案要案，特别是对地下的商业性非法侵权盗版活动予以坚决打击。最高人民检察院、最高人民法院及时出台司法解释，降低了侵权盗版的刑事责任门槛。一批侵权盗版违法分子被追究刑事责任，迅速扭转了侵权盗版猖獗的现象。

伴随着信息技术的迅速发展，很多侵权盗版行为转移到网络中。我们的版权行政执法机构以及有关的公安机构和文化执法机构当时还不会在网络中查办案件。不知道在网络中怎样收集证据，怎样固定证据，怎样搜寻服务器所在地，怎样确认银行账号以及侵权盗版分子的藏身地。

2005 年，国家版权局联合公安部、工业和信息化部（当时的信息产业部）三部门共同启动了我国历史上第一次打击网络侵权盗版专项行动。在开展专项行动之前，专门邀请了香港海关的版权执法人员给全国各地的版权执法机构，包括公安机构、文化执法队伍开展培训，引导其边学边干。当时案件查办的能力还是比较弱的，但是它的积极意义在于，向社会发出了一个信号，网络环境中的侵权盗版是违法的，已经开始有人管了。随着网络环境下打击侵权盗版执法实践的推进，版权执法能力越来越强，水平也越来越高。不仅查办了境外权利人和权利人组织投诉的案件，更查办了一大批侵犯国内权利人的侵权盗版案件，一批侵权盗版违法分子金盆洗手。譬如查办的番茄花园软件盗版案，追究了侵权者的刑事责任，起到了很大的震慑作用，迅速遏制了网络环境下的软件侵权盗版现象。

现在这个专项行动定名为"剑网行动"。每年开展一次，已经连续开展了十三年。在原来三个部门的基础上，又增加了国家网信办。"剑网行动"的影响越来越大，在规范网络秩序方面发挥了重要作用。现在网络中的影视作品、音乐作品、文字作品绝大多数都是正版。权利人能够在网络作品的使用传播中拿到应得的报酬，这是反映著作权保护水平最重要的标准。各大网站平台的版权意识极大提升，在网络环境中随意使用他人作品已经成为过去，但是随着技术的发展，又出现了许多新情况新问题，如短视频、区块链、人工智能等带来的版权问题。当前，我国在网络环境中的著作权保护问题，虽然仍是版权工作的重中之重，但是被动局面已经彻底改变，存在的问题已经不是全局性、整体性的问题，也不仅是中国自己的问题，而是需要国际社会共同面对的问题。根据中国版权协会网络监测平台的监测数据，现在网络中侵权盗版的多为"三无"小网站，且有相当一部分服务器设在境外。根据这些监测数据，2018 年2 月，在国家版权局的指导下，由中国版权协会专门举办了一次国际网络侵权盗版监测与保护研讨会，与国际社会共同研究治理方法。

《纲要》中提出的版权工作四个环节——创新、使用、保护、管理，是相互关联、相互促进的。我们的版权工作也开始从全力抓保护抓执法阶段，进入创新（创造）、运用（使用）、保护（重点是执法）和管理全面推进的阶段。

三

著作权集体管理制度是著作权管理体系中的重要组成部分，是衡量一个国家著作权管理保护水平的重要标志之一。著作权集体管理，简言之就是把分散的、权利人难以管理和行使权利的部分，由权利人自愿授权交由著作权集体管理组织管理，由著作权集体管理组织代为行使权利。比如说咖啡厅的背景音乐，比如说杂志要选的一篇文章，等等，都存在着权利人找不到使用者、使用者也找不到权利人的现象。如果一定要找到，交易成本也非常高。著作权集体管理能够有效解决这个问题。自 1777 年世界上第一个著作权集体管理组织在法国诞生以来，著作权集体管理制度经历了二百多年的发展历程，已经比较成熟。中国的著作权集体管理制度始于 20 世纪 90 年代。我国政府非常重视著作权集体管理的建立与完善，1990 年《著作权法》颁布后，1992 年就批准成立了第一家著作权集体管理组织——中国音乐著作权协会。2005 年国务院出台了《著作权集体管理条例》，条例的出台为著作权集体管理活动提供了法律保障，按照《著作权集体管理条例》的要求，中国音乐著作权协会在民政部进行了重新登记。经国家版权局批准报民政部备案的著作权集体管理组织有：中国音像著作权集体管理协会，中国文字著作权协会，中国电影著作权协会，中国摄影著作权协会，等等。《著作权集体管理条例》开启了我国著作权集体管理建设和发展的崭新一页，经批准成立的上述著作权集体管理协会在保护作者权益、促进作品的交流与传播方面发挥了积极的作用，特别是上述著作权集体管理组织的信息集成优势、权力和协调作用以及降低交易成本等功能，在实践中得到了初步的体现和发挥，也积累了许多宝贵经验。中国的著作权集体管理组织得到政府、权利人和社会越来越广泛的支持和认同。在这十多年中，中国的著作权集体管理体系初步建成，而且有着广阔的发展空间。

但是，由于中国著作权集体管理制度起步晚、基础弱，各个著作权集体管理组织在建立健全过程中仍面临着问题和困难。中国的著作权集体管理组织不仅要解决传统环境下的问题，还将与世界各国的著作权集体管理组织共同面对新技术带来的挑战，社会公众版权意识还比较薄弱的问题仍有待解决。

著作权集体管理在我国还属于新生事物，政府版权行政管理部门应当满腔热忱地对集体管理组织给予关心和指导，同时也要对著作权集体管理行为依法进行监督和规范。著作权集体管理组织要强化自身建设，不断总结经验，健全著作权集体管理的各项制度，强化自律意识，主动接受权利人监督，依法收取费用，同时按照著作权集体管理组织的规则，科学公正地进行分配，获得权利人的拥护和支持是集体管理组织的存在基础。现在社会上对著作权集体管理组织有一些批评，原因是多方面的，我们要正确对待，著作权集体管理组织自身也要反省，不断改进工作，提高著作权集体管理水平。在著作权集体管理组织起步阶段，出现一些问题是正常的，但要正视这些问题，要很好地进行总结，不能任其发展，要不断地改进，使著作权集体管理组织更好地为权利人服务。同时也应当支持和鼓励著作权集体管理组织按照版权保护的自身规律，逐步建立起规范、透明、公正、高效的管理制度和运行机制。

四

《视听表演北京条约》是版权领域的一个国际条约，主要规范的是表演领域的版权问题。1960年，世界上第一部保护邻接权的国际公约《罗马公约》首次对作品的表演者提供保护，但是《罗马公约》将表演者权限定在对表演者声音的保护范围内。然而，20世纪七八十年代以来，随着传播技术的快速发展，对表演的摄录变得简单易行。但是，令人遗憾的是，在这之后制定的《与贸易有关的知识产权协定》和《世界知识产权组织表演和录音制品条约》这两个与版权直接相关的国际公约都没有对视听表演者提供保护。为了解决这个问题，国际社会进行了长达二十年的讨论磋商，分歧和摩擦逐渐减少，世界知识产权组织据此认为，应召开外交会议，缔结时机基本成熟。

当时，俄罗斯、印度等都有承办世界知识产权组织外交会议的意向。国家版权局、外交部、北京市政府和我国驻日内瓦代表团分析研判认为，我国承办这次外交会议，有利于推动创新型国家建设，有利于扩大我国知识产权的国际影响，有利于激发表演者的创作热情，推动文化产业的发展。特别是，这个国际条约把民间文艺表演者也纳入保护的范畴，这对于拥有五千年优秀文明历史的我国而言，有利于促进我国传统民间表演艺术的挖掘，推广我国传统的表演艺术，也有利于推动中国优秀传统文化"走出去"。如果我国能够成功申办这次外交会议，我们可以选择北京或上海等重要城市来承办，按照国际惯例，条约缔结后就可以以北京或上海的城市名称来命名，非常有利于提升申办城市的国际影响力。

基于上述分析和考虑，国家版权局和北京市人民政府向国务院递交了由中国北京承办世界知识产权组织视听表演第三次外交会议的请示并获得批准。2011 年 12 月，世界知识产权组织成员国大会表决通过由中国北京承办这次外交会议。

从世界知识产权组织成员国大会通过到第三次外交会议正式召开，一共不到 9 个月的时间。筹备工作任务繁重，而且非常艰巨。为了保证这次外交会议的成功举办，国家版权局、外交部和北京市人民政府请示，并经国务院批准成立了强有力的组委会。时任国务院副总理王岐山亲自担任组委会主任，副主任分别是时任新闻出版总署署长、国家版权局局长柳斌杰，时任国务院副秘书长毕井泉和时任北京市市长郭金龙。组委会成员由中宣部、外交部、公安部、国家安全部、财政部、商务部、文化部、海关总署、国家工商总局、国家广电总局、国家知识产权局、国家旅游局和国新办多部门组成。王岐山副总理两次主持召开组委会会议，听取外交会议筹备工作进展情况，明确了各部门的分工。国家版权局和北京市人民政府作为这次外交会议的主要承办方，拟定总体方案，明确了各个部门的工作职责。

截至 2012 年 4 月，共有 142 个国家和地区以及 38 个国际组织报名参加这次外交会议，会议代表人数近千人。这样的大型国际会议一般至少需有两年的筹备时间。而这一次不到 9 个月的时间，在国务院和组委会的强有力领导下，北京市人民政府和各有关部门通力合作，为会议的承办和条约的缔结发挥了重要作用。北京市为这次会议提供了符合国际大型会议规范的一流服务和保障。

2012 年 6 月 24 日，《视听表演北京条约》获得一致通过，会场长时间响起热烈的掌声。许多国家代表团表示，这是国际知识产权保护的一个重要里程碑。《视听表演北京条约》是新中国成立以后，第一个在中国签署的国际条约，而且是第一个以我国城市命名的国际条约。它的重大意义还在于，打破了由美国、欧盟等发达国家和地区制定国际规则的惯例，是一个南北平衡的国际条约，中国和其他发展中国家在规则制定中发挥了重要作用。

五

在国家知识产权战略制定和实施的初期，公众的知识产权意识，特别是版权意识是比较淡漠的。举一个例子：当时依照《著作权法》和《著作权集体管理条例》，集体管理组织开始在歌厅收取音乐和音像作品的版权使用费。国内反对声一片，公众不理解、不满意，媒体有很多批评，有的重要媒体批评说，国家版权局收这么多钱究竟要干什么？甚至有的学者也站出来指责，认为这种行为就是乱收费。本来集体管理组织是受权利人的委托收取版权费的，既不是版权局收费，也不是乱收费，不仅有法律根据，也应受到法律保护，但是为什么会被认为是乱收费呢？关键就是公众缺乏基本的版权意识。当时花了很大的力气，才把这件事向社会说清楚。

基于上述情况，我们认识到，面向社会进行版权知识的宣传和教育，与打击侵权盗版的行为同等重要。因此，国家版权局在制订工作计划时，始终把面向社会的版权知识宣传教育作为重点工作。这其中有两项工作很值得一提。

（1）百名歌星演唱会。2005年，国家版权局在首都体育馆举办了"守望我们的精神家园——百名歌星大型演唱会"。举办这个演唱会就是希望通过一些著名的歌唱家、音乐家以生动和大家喜爱的方式表演，提升社会对版权的尊重和认识。当时邀请董卿和张国立做主持人，参加演唱会的音乐家、艺术家很多。我印象最深刻的是主持人张国立和导演冯小刚的一段对话：张国立问冯小刚最近拍了什么影片？版权保护怎么样？冯小刚说，为了让更多的人都能看上好电影，买正版不买盗版，他把新拍摄的《甲方乙方》视频压缩盘片（VCD）的价格压到了8元钱一张，在沃尔玛超市里买

8 元钱一张都是正版的。但是当时马路边儿的盗版盘，一般是 5 元钱一张，甚至是 10 元钱 3 张。冯小刚讲了这样一段话，他说你如果喜欢这个作者，你就应该买他的正版书，你如果喜欢这个演员，你就应该买他的正版光碟。张国立紧接着问他，你拍的电影片，如果买正版只有很少的人看，而买盗版会有更多的人看，你希望买正版还是买盗版？冯小刚毫不犹豫地说，他宁可买正版的人少，宁可没有人看，也不希望买盗版。这时出现了很戏剧性的一幕：张国立转过身，面向观众，大声问："你们说买正版还是买盗版？"当时全场回答买盗版的声音，远远压过买正版的声音。这就是当时国内版权认识的现状。十年过去了，社会和公众对知识产权和版权的认识，发生了根本的扭转和变化，但是在当时就是这么一种状况。这场演唱会还是很成功的，由于经费不够，没有采用电视转播，由中央人民广播电台和中国国际广播电台进行转播，收听人数超过 1 亿人次。当时商务部分管知识产权的副部长王志刚见到我时说，"我们在德国看到报道，说中国大陆搞了个保护版权百名歌星演唱会"。当时大家虽然没有组织这种大型活动的经验，但是工作的状态非常好，全身心地投入工作，经常加班，有一天干到凌晨 4 点。12 年过去了，大家还经常会提起这个演唱会。

（2）青少年版权知识的宣传教育。当时党中央和国务院的领导同志指出，知识产权教育要从学校抓起。国家版权局版权管理司王自强、段玉萍、冯宏声同志提出，我们能不能在全国开展一个面向中小学生的版权宣传教育活动，当时考虑由教育部、共青团中央和国家版权局三家共同举办。在中小学生中开展活动必须得到教育部的支持，而教育部为了减轻学生的负担，不提倡开展这类全国性的宣传教育活动。如果教育部不支持，我们这项工作很难做。当时，我们不断找分管基础教育的教育部部长助理陈小雅，向她非常诚恳地说明我们这次活动的背景和缘由。最终陈小雅同志同意由教育部和国家版权局开展这次活动，共青团中央赵勇同志也很爽快地同意共同开展这项活动。在发文之前我和版权管理司王自强、刘杰、段玉萍同志去中宣部汇报，时任中宣部出版局局长张小影同志认为，这是一个很有意义的活动，他们完全同意，可以考虑中宣部也作为这次活动的主办单位。国家版权局在中宣部、教育部、共青团中央的大力支持下，四个部门共同开展了面向全国中小学生的版权知识宣传教育活动。为此，组织编写了通俗生动、图文并茂的《版权我懂》一书，由江苏教育出版社出版、山东天鸿教育集团发行。这本书很受欢迎，印制发行了 360 多万册。特别值得一提的是，这本书的定价非常低，每一本仅 4.5 元，而且参与这本书编写审定的人员、撰稿人员和审稿人员都是夜以继日，多次加班。

我刚到国家版权局时，版权的工作经费很少，每年总计只有 100 多万元（后来在吴仪副总理亲自关心和财政部大力支持下，版权的工作经费由每年 100 多万元跃增到近 3000 万元）。上文讲到的"守望我们的精神家园——百名歌星大型演唱会"和"全国中小学生版权知识宣传教育活动"这两项大型的活动所使用的版权工作经费很少，合计不超过 10 万元。工作经费虽然少，但是大家的工作热情高涨，当时是非常有激情地全身心投入工作之中。回想起来，这真是职业生涯中十分难忘的。

总之，我国的知识产权战略制定是高瞻远瞩的，从制定实施到现在仅仅十二三年的时间，在这段时间我们做了很多工作，除了前文讲到的几项工作，还有很多工作都是开创性的。比如，版权的示范城市建设，版权的研究基地和贸易基地建设，国际版权交易博览会，由国家版权局和世界知识产权组织联合开展的中国版权金奖评选活动，版权在经济与社会发展中的贡献率调查，版权的无形资产价值评估，等等。在这期间，我国的版权面貌发生了根本的变化：我们从很被动很薄弱，逐渐变得主动和强大起来；从社会和公众十几年前对版权几乎一无所知，到现在版权人人皆知，到处都在谈论版权。不仅版权意识有了极大提升，而且版权在推动文化繁荣发展、创造社会财富方面也发挥着越来越大的作用。但是，我们毕竟发展时间尚短，而且我国各地经济发展水平不一致，知识产权保护的水平也不一致，存在着不少的短板。

比如在著作权法律法规的制定和修订方面，法律修订比较迟缓，不能适应技术进步带来的新变化；民间文艺保护是我国在版权领域的优势项目，虽然做了很多调查研究和起草工作，但是相关法规迟迟没有出台；又如，版权作品的数量多、优质的版权作品少的问题仍然比较突出；再如，版权执法还不能很好适应网络环境下，因技术发展带来的新情况、新问题，等等。因此，既要总结和肯定我们的工作成绩，又要看到现在依然存在的差距和不足。

(本文原载《中国出版》2018 年 11 期)

知识产权怎样走得更远

（2018 年 12 月 27 日）

知识产权制度的建立，在全球范围内推动了经济与社会的发展。在新时代，创新和知识产权是推动经济、文化与社会发展的主要驱动力，其价值巨大。我们需要有一个更好的创新环境，因此需要继续加大知识产权保护。

虽然在一千多年前，中国宋代就出现过版权的萌芽，但是世界上第一部版权法却是三百多年前在英国诞生的。虽然中国的清代和民国时期都颁布过版权法，但由于历史原因，中国版权制度的实施，却是在中国改革开放以后才开始的。

中国《著作权法》是 1990 年全国人大审议通过、1991 年生效。1992 年，中国加入《伯尔尼公约》，成为第九十三个成员国。但那时候，中国版权保护的环境并不乐观，侵权盗版现象还屡见不鲜。

举个例子，当时有一首歌叫《十五的月亮》，唱遍了中国的大江南北，但作曲家只拿到十六元的稿费，被戏称为"十五的月亮十六圆"，其中包含着曲作者的无奈与心酸。来自国际方面的压力也不小，时任美国电影协会主席的丹·格里特曼，曾经担任美国国会议员和农业部长，他每次来中国都要做一件事，那就是到过街天桥下面或大商场门口买一叠盗版光盘，然后去国家版权局投诉。

后来，随着互联网崛起，中国面临着在现实环境和网络环境中治理侵权盗版问题的双重挑战。

2001 年，中国加入世界贸易组织，同时签订了与《贸易有关的知识产权协定》。到现在不到二十年时间，情况发生了根本性变化。中国政府积极出台修订《专利法》《商标法》《著作权法》以及多部司法解释，组建专门机构，扎实推动版权执法专项行动。中国政府在打击侵权假冒、保护知识产权方面做出了积极努力，成效显著。据统计，十几年来，每年追究高达几十名上百名侵权盗版者和假冒伪劣商品制作者的刑事责任，工商、版权、专利等行政查处罚没的效率更快、范围更广、力度越来越大。

比如，中国国家版权局开展的"剑网行动"。自 2005 年开始，中国国家版权局联合公安部、工业和信息化部（原信息产业部）及国家网信办（2015 年加入）连续十三年开展"剑网行动"，有效治理了网络环境中的侵权盗版行为。现在，正规持照运营的视频网站，音乐网站和文字、文学网站版权秩序良好，据监测，其所有作品的正版率不低于97%，其中视频网站的正版率更高。

网络中的侵权盗版问题仍然存在，但基本属于两种情况：一种是恶意侵权盗版的"三无"网站（其中有60%的"三无"网站服务器设在境外），占据绝大多数；另一种是民事诉讼范畴的版权纠纷。前一种需要刑事、行政执法部门加大力度并开展国际合作进行严厉打击；后一种情形应通过诉讼、由法院来裁定。因为属于民事纠纷，还应当大力倡导由社会公共机构协调解决。

如果说十多年前，中国知识产权的主要矛盾是保护不够，那么现在，中国进入提质增效的新时代，中国的知识产权也进入了创造、使用、管理和保护并重的阶段。认清这一点是极为重要的。在新时代，创新与知识产权的价值更大，是推动经济文化与社会发展的主要驱动力。我们需要有一个更好的创新环境，因此需要继续加大知识产权保护。在这个前提下，创新能力与推动创新成果的使用是更为重要的因素。

知识产权制度的初衷是鼓励创新，推动使用，实现创新的权利人和创新成果的使用人双方利益的基本平衡。也就是创新的权利人能够合理地获得报酬并保障人格权，以便激励他们持续地进行创新；而使用者在支付版权费、商标费、专利费后，能够在生产复制和推广传播的过程中获得企业生存与再生产的能力。权利人和权利使用者的利益平衡，最终的目的是惠及全体民众，也将促进社会和谐。

整体而言，权利人与权利使用者的利益现在基本上是平衡的。权利人拿不到钱的情况早已成为历史。但是，如果权利人或者个别表演者报酬过高，必将伤及相关产业的发展。从根本上说，这也是不公正的。

因此，权利人与权利使用者的利益平衡成为评价知识产权的一个重要标准。假如不知道一项专利、版权、商标在前期研发上投入了多少，而只知道定价是多少，专利费、版权费需要交纳多少，那么，这是不透明的，基于这种不透明，我们很难衡量权利人和使用者双方的利益是否平衡，也得不出能够惠及社会与公众的结论。

知识产权制度的建立，在全球范围内推动了经济与社会的发展，而且正在发挥着越来越大的作用，当然，也还存在着需要面对的问题。在知识产权制度实施中，不仅要面对问题，解决矛盾，推动发展，也需要回顾一下，当初为什么要建立知识产权制度，现在有无偏离。只有不忘初心，我们才能走得更远。

（本文原载《人民日报》2018 年 12 月 27 日）

新时代版权的新视野与新规则

（2019 年 12 月 19 日）

　　互联网是革命性的，延伸、渗透到政治经济文化社会的方方面面，对著作权制度当然也产生了巨大的影响。这必然推动著作权制度的发展。《著作权法》要给出一个接口，允许作者选择保留权利，或者放弃权利，让作者自己做出选择。要注重发现和挖掘版权的价值和力量，发挥版权对经济和社会的增长、对 GDP 的贡献。新时代，版权需要新视野，制定适应发展的新规则，建立新秩序。在此基础上，版权的价值需要重新认识，并挖掘出来，造福社会。

　　1709 年，英国女王颁布了《为鼓励知识创作而授予作者及购买者就其已印刷成册的图书在一定时期内之权利的法》，标志着著作权制度的诞生，纸质图书由手工抄传进入批量复制阶段；1895 年，法国的卢米埃尔兄弟制作了电影；1906 年，美国第一个无线电广播电台诞生；1994 年，索尼公司联合美国公司和东芝制定了关于光盘的标准，光盘 DVD 的标准诞生了。

著作权的介质，从纸介质到以声光电磁为介质，用了二百多年。20 世纪 70 年代，互联网诞生，进入中国已经到了 20 世纪 90 年代。互联网的产生改变了很多，例如，前面说到的声音、文字、图像仍然可以在互联网上表现出来，但是互联网最大的特点是传播快，而且没有介质。互联网是革命性的，进入中国虽然不到三十年，但它不仅延伸、渗透在经济与文化的方方面面，也改变着我们的认知。

互联网的发展历程带给人们的思考

回顾历史，有以下三点是值得思考的：

一是观念永远在技术之后。互联网出现以后，我们一直在预测互联网的发展。出于对传统知识和经验的把握，我们对互联网发展的预测每一次都是滞后的，人们认知的能力远远慢于互联网的发展，为什么？是因为技术发展太快。

二是作品的井喷式增长。20 世纪 90 年代，我负责出版管理工作，当时，中宣部在黑龙江开了一个座谈会，主题是"以优秀作品鼓舞人"，重点讨论长篇小说的创作与出版。时任新闻出版署署长于友先汇报时说，全国每年出版长篇小说 587 部。时任中国作家协会党组书记翟泰丰认为，不止这个数，他们统计有近千部。其实于友先指的是出版图书的数量，翟泰丰讲的是创作作品的数量，这两个概念之间是有差异的。虽然是一个小插曲，但能够看出，当时不仅长篇小说作品的数量是有限的，所有图书、电影、电视、音乐等作品数量虽然逐年增长，但都在传统经验把握范畴内。现在长篇小说有多少？以互联网中的网络文学来计算的话，至少是200万部。这200万部如果和20世纪90年代的几百部或者近千部相比较，就可以知道这是什么数量级的增长。其他领域的作品以前都是较少的，包括电影、电视、音乐领域。比如，腾讯、网易等都已涉足音乐领域，作品数量井喷式增长，这是我们没有预测到的。

三是互联网的发展分两个阶段，即传统互联网和移动互联网。对于互联网，我们的认识，一方面是快捷，另一方面是海量。移动互联网可以让我们在任何时间、任何地点获取任何内容。但是，我们对技术进步带来的矛盾与问题都估计不足，以至于互联网中版权领域的矛盾、纠纷、冲突迭起，真可谓"按下葫芦起了瓢"。我们却一直在用传统的既定思维、逻辑和原则对待它。现在我们进入了5G时代，移动互联网出现之后就发生了革命性的变化。基于对网络的经验认识，人们的认识永远是滞后的，技术永远走在前面。对于技术发展，一些非常有远见卓识的年轻人充满信心，他们说，不仅要迎接新技术，还要拥抱新技术，拥抱5G。

我国著作权制度应有较大变化

从以上三个阶段来看，现行著作权制度还立足于比较传统的情况，已经滞后于发展现状，这个观点并不仅是我本人的观点，无论是学界还是产业界，方方面面都有这样的感受。

面对这样的现状，著作权制度需要有一个比较大的调整，才能适应技术进步带来的诸多版权问题。今年全国政协主席汪洋专门主持召开了一次著作权修法的协商会，很多专家在会上讲了许多非常中肯的意见，著作权修法滞后了，各方面是很不满意的。深入思考，也可能有它很好的一面。好的一面就是，我们也可以在新的起点上实现"弯道超车"。中国从农业社会进入到工业社会时间很短，中国工业化还没走完，但是，互联网的发展，我们走在国际前列，这和技术进步、"弯道超车"直接相关。

我国的著作权制度应该有一个较大的变化，为什么要有较大的变化？因为我们的"脚"长大了，"鞋"如果还是那么小，穿进去是很不舒适的。社会实践发生变化之后，这些制度、法律等属于上层建筑的东西要跟着变化，这是必然的。

变化，也不能是颠覆性的变化。为什么呢？因为大家知道，著作权法基于民商法范畴，基于社会契约精神，是意思自治。

意思自治是什么？在著作权范畴就是权利人基于自愿，既可以保留许可权利，也可以放弃权利。现行《著作权法》没有给出自愿放弃权利这一条，没有一个合理的接口，这样就导致大量版权作品是用一个尺子来衡量的，用一个尺子衡量的时候就出现了很多矛盾，我们适应不了，纠纷不断，法院里面案子堆积如山，永远也判不完。解决问题的根本方法应该是什么？应该是基于自愿的原则，作者可以选择声明放弃权利，只保留人身权利，以利于这些作品更广泛传播，这个数量有多大呢？应该占所有作品的90%以上，电影、电视剧等大作品例外。

作者放弃权利是为了广泛传播，当作品拥有众多读者时，还可以选择收回权利。

关键是《著作权法》要给出一个接口，允许作者选择保留权利，或者放弃权利，让作者自己做出选择，如果认为没有达到普遍向公众传播实现获益权，可以在互联网中做出标记，标明放弃作品的财产权。如果认为这个作品好，必须去做作品登记，做了作品登记之后，可以严格保护你的权利。如果出现了侵权等纠纷，作品登记就是司法判决的有效证据，而现在作品登记一般只作为初始的证据。

从法理上讲，这个问题和现行著作权制度不矛盾，但是我们需要给出一个接口，这是非常重要的。给出接口可以让我们集中精力保护、管理、运用好这 10% 左右的作品，更好地挖掘其价值。

当然，这是动态的，90% 自愿放弃财产权的作品，在传播中，必定会有一些进入这 10% 之中。在保留财产权的作品中亦可根据实际情况选择退出。如果这样，版权的纠纷将大大降低，法院堆积如山的案子也将大大减少。

我们现在都讲"这是我的权利""我的作品"，很少有人想到读者的权利。在政协的双周协商会上，我听到一句十分深刻且值得我们认真思考的话："大家都在讲权利，讲作家的权利，出版社的权利，那么，读者有没有权利？"的确，现在海量的作品，读者怎么去选择？我们从多年前的"书荒"走到事情的另外一面，现在书太多了，读者没法选择，这是一个很大的矛盾。

版权的价值和力量需要挖掘

新时代我们需要高品质的文化产品，高品质的文化产品在哪里？如何从浩瀚的作品中选择出来？

举一个例了，三年前我去成都参加一个读书活动。现场讲书的人，讲的内容是关于人工智能的。听完他的讲述之后，我感觉讲得非常好，马上就去买了一本书。后来，这位主讲人告诉我，他讲过的每一本书销售都增长了 10 倍。那时他已有 300 万会员，再一次见面的时候，会员已经增长到2200万人。我认为，他讲得好是一方面，而另一个重要的方面，是他抓住了读者的新需求。这也是很值得思考的。

我以前经常说版权是有价值的，版权是有力量的，我现在基本不这样讲。在海量作品之中，只有不到10%的作品才是有价值的，才是有力量的。或者更少更稀缺的作品，才能呈现出力量。大多数作品价值不大，或者没有价值。一般而言，价值不是自我判断，而是经过市场检验，才能发现真正的价值。

怎样挖掘版权的价值和力量呢？2006年我去日本访问时，日本软件协会的秘书长梅田久写了一本书，是讲知识产权的，里面有一句话："20世纪是专利的时代，21世纪是版权的时代。"

进入新时代，版权的价值凸显，因为作品（包括影视、图书、音乐）需得到授权才能传播，而在运营传播中，不仅要用精神价值，也要用财富来衡量。世界知识产权组织发布过《版权对经济和社会的贡献指南》，我们也引入了这个统计的指标体系，把版权产业分为四类，即核心版权产业、相互依存的版权产业、部分版权产业和非专用支持产业。国际和我国的调研都证明，版权对经济和社会的增长、对GDP的贡献是较高的。

2019年7月，我参加了2019青岛国际版权交易会，有两件小事和大家分享：

第一，我看到了很多版权衍生品，像《流浪地球》，电影里有很多装甲车，开发者把那个装甲车包装成典藏版，售价4000多元，当然也有比较便宜的。据我了解，截至2019年7月，《流浪地球》的版权衍生品销售额已超亿元。

第二，山东有一款酒，酒瓶上印的是邓丽君的头像，厂家介绍说他们跟邓丽君文教基金会"磨"了好几年，终于把合作谈下来了，文教基金会购买了邓丽君的形象和词曲的版权，授权的范围很窄，只能使用在这家酒厂生产的酒的包装上。在现场我问："你们用什么价格买下来的？"厂家说，加上后期的一系列事宜，花费过千万是肯定的。

现在授权很火爆，除了商标授权，还有版权授权。版权属于无形资产，无形资产最大的特征是什么？如果创造出来有市场需求而没有用，我们称之为版权"沉默"。经济学里面讲资产沉没，"沉没"就是没有了，版权的沉默是静默。它存在，但没有用它，也可称之为"空驶"，如一辆货车，不拉货，却在跑，很浪费。

我还见到北京小鸡磕技文化创意有限公司的负责人，农历狗年，公司做了版权衍生品小狗，原创作品是一个韩国人的雕塑。公司买了这个雕塑的衍生品授权，给出的价格比这个原创作品的价格还高，把这个版权买过来做衍生品。这个衍生品能做到什么程度呢？一年就卖出了两万个。

新时代，版权需要新视野，制定适应发展的新规则，建立新秩序。在此基础上，版权的价值需要重新认识，并挖掘出来，造福社会。

（本文是作者在 2019 中国·北京国际版权授权大会上的发言，《中国新闻出版广电报》2019 年 12 月 19 日刊登时有改动）

关于作品的界定及相关的问题

（2020 年 7 月）

　　作品是著作权保护的客体，没有作品，就谈不上著作权的保护与运用。进入新时代，面对作品种类和数量井喷式增长的现状，需要重新定义作品。《著作权法》第三次修订稿的一个亮点是对"作品"进行了质的规定：作品要有独创性，作品是一种智力成果。对作品的这一界定，要从满足社会需求以及作品创作总量出发，做出符合现实需求并符合法律和逻辑的判断。关于作品的获酬权，现行《著作权法》中只强调了"获得许可、支付报酬"一种情况，立法精神体现得不完整。关于作品的共享，可以考虑在自愿的前提下，将作品分为两种类型：一种是需要得到许可并支付使用报酬的；一种是不需要得到许可，不需要支付报酬，保留著作人格权，鼓励广泛传播。关于作品登记，有两个需要注意的问题：一是作品如果有价值，应当由权利人支付登记必需的成本费用；二是对于登记的作品，应该给予更充分的保护。

作品的界定十分重要。作品是著作权保护的客体，著作权的各种权利，包括邻接权，都是由此延伸而来。没有作品就没有著作权，没有作品就谈不上著作权的保护与运用。

著作权法诞生之时，作品只有图书一种形态，现在作品的形态多种多样，不仅覆盖了所有的文化领域，而且扩展到其他领域，比如计算机软件、建筑外观设计、灯具的设计、布艺面料设计、地毯的图案，等等。还有一些作品的形态被期待纳入版权领域，比如人工智能、大数据、体育赛事、演出节目模块，等等。

虽然我们现在不能马上认定哪些可纳入作品范畴，哪些不宜纳入作品范畴，但作品的种类与形态并不以人们的意志为转移，也不会永远由某一部法律所限定。著作权法诞生时，只有书刊可被纳入作品，现在已经发生了很大变化。究其原因，创新与技术进步是作品的种类与形态变化的根本力量。这一点，以前如此，今后也不会发生变化。

在著作权作品的品种、形态呈多样化发展的同时，各种作品的数量更是井喷式增长。比如摄影作品，随着数字技术的发展，普通公众使用高像素的相机乃至手机拍摄出来的作品，其质量不亚于二三十年前专业摄影师使用专业相机、胶片拍摄出来的作品。如果公众拍摄出来的作品，都被定义为著作权法意义上的作品，而纳入著作权法保护的范畴之内，那么摄影作品将是海量的。

再举一个例子，比如说文学作品，以前是专业作家和少数的业余作家从事创作。由于移动互联网的发展，现在大众创作已经很普遍。根据中国作家协会的统计，在20世纪90年代初，我国每年创作的小说不到1000种。根据原新闻出版署的统计，每年出版的小说不到600种，仅仅过去二十几年，情况已发生了颠覆性的变化，纸质小说出版品种增长了近20倍；网络文学作品从无到有，爆发式增长。仅在阅文平台上入驻的写手就有800万人，每年创作的网络小说高达600万部。如果我们把每一篇文章都纳入著作权法的保护范畴，我国著作权作品的数量将是一个天文数字。

当年移动互联网宣传的三大优势——移动终端用户在任何时间，任何地点，可获取任何内容，将出现一个新的悖论。因为每一个个体，都不可能占有全部信息，正如庄子所说，"吾生也有涯，而知也无涯，以有涯随无涯，殆已"。穷其一生，每个人也只能获取其中的极小一部分，这一部分内容如果没有经过优化选择，获取文化内容的质量肯定是低于二三十年前的。而每一个生命个体不可能，也没有能力选择出其所需要的最优秀的作品。以读书为例，纸质图书加上网络上的作品，总计几百万甚至上千万的品种。读者该怎样去选择？

大约30年前，作品的种类比较少、数量比较小，也都在物理空间，与人们的文化生活息息相关，无论书报刊、电影电视、戏剧舞蹈，人们都能够具体地感知到，其与社会整体需求是相适应的，作品与社会的供求关系基本是平衡的。

现在这种平衡关系已经被打破了，作品的种类和数量远远大于社会需求，这是一个社会文化需求上的颠倒。以前听一次讲座，获赠一本好书，内心喜悦且满足，现在几乎反过来了。当然，最杰出、最优秀的作品永远都是例外。为什么？根本原因在于，当文化供给大大超出需求，其价值必然大大稀释，甚至呈现出零价值、负价值。

进入新时代，面对作品种类和数量井喷式增长的现状，究竟怎样定义作品？这是一个非常重要而又现实的问题。

著名的《伯尔尼公约》是1886年在瑞士的伯尔尼缔结的，其全称是《保护文学和艺术作品伯尔尼公约》。在《伯尔尼公约》中对作品是这样界定的："'文学和艺术作品'一词，包括文学、科学和艺术领域内的一切成果，不论其表现形式或方式如何。"

我国现行的《著作权法》第三条对作品是这样界定的："本法所称的作品，包括以下列形式创作的文学、艺术和自然科学、社会科学、工程技术等作品。"在这个定义之下，列举了文字作品，口述作品，音乐、戏曲、曲艺、舞蹈、杂技艺术作品，美术、建筑作品，摄影作品等九类作品。在30年前的历史条件下，无论是对作品的定义，还是其涵盖的领域和归纳的种类，应该说还是恰当的。但是现在看来，现行的《著作权法》，没有对作品做出质的描述与规定，应该说是一个欠缺。

《著作权法》第三次修订稿，已于 2020 年 4 月面向社会公开征求意见。我国《著作权法》的第三次修订征求意见稿，对作品有了新的界定，即"本法所称的作品，是指文学、艺术和科学领域内具有独创性并能以某种有形形式复制的智力成果"，并将"电影作品和以类似摄制电影的方法创作的作品"，修订为"视听作品"，并增加了"前款规定的作品，可以向国家著作权主管部门认定的登记机构办理登记"。这是《著作权法》第三次修订中一个很大的亮点，其最重要的部分是对作品有了质的规定：作品要有独创性，作品是一种智力成果。

法律做出这样的界定，是符合当下由著作权所管辖的各类作品的实际情况的。由此有以下几个问题值得思考与研究：

一、需要厘清当下的各类作品，特别是文字作品、摄影作品和短小的音乐舞蹈戏剧等表演和表演者的作品，哪些具有独创性、属于智力成果，能够构成著作权法意义上的作品，哪些构不成著作权法意义上的作品

著作权法意义上的作品，最核心的是其在同类内容的作品比较之中是否具有独创性，是否够得上智力成果，而不单独由作品的内容篇幅或规模而定。

做出这样的区分是十分重要的，这种区分既要从作品的独创性和作品是不是属于智力成果做出质的界定，又要从满足社会需求以及此类作品的创作总量出发，做出符合现实需求并符合法律和逻辑的判断。对于公众对文化的需求，要有宏观把握与科学分析：一是公众对作品的需求是有限的，而不是无限的，不能认为越多越好；二是公众对作品的需求有质的要求，而且这种要求是不断进步、水涨船高的。这是一个复杂和专业要求很高的艰巨工作，是以前从来没有做过的。虽然难，但是必须做。这项工作需要根据社会公众的需求和法律的精神与界定，在实践中不断探索推进。

二、作品的获酬权

除了合理使用（指使用不经许可，不支付报酬）和法定许可（指使用之前无须征得许可，但使用之后须支付报酬）之外，现行的《著作权法》，只要涉及作品的授权使用，都有"须获得许可，并且支付报酬"的条款。

而我国当前作品使用与获酬的实际情况是，相当一部分作品，依照权利人的意愿，无须使用方支付报酬便可使用。特别是一些文字作品、摄影作品、美术作品和一些短小的属于表演权和表演者权的作品。

总体来看，当前作品使用与付酬的情况，可以归为以下三种类型：获得许可，支付报酬；获得许可，不支付报酬；使用方无偿获得许可，作品权利人向使用方支付编辑出版制作或推广宣传费用，或者某种形式的补贴。

要说明的是，这三种情况在确保作品人格权的前提下，只要不违背权利人与使用者双方意愿，都是符合《民法典》和《著作权法》立法精神的。但是《著作权法》的条款只强调了"获得许可、支付报酬"这一种情形，立法精神体现得不完整。

三、作品的共享

本文中"作品的共享"这一概念，指的是保留作品的人格权不变，作品进入公有领域，不再享有财产权。

我国现行《著作权法》规定，公民的作品的保护期为作者终生及其死亡后 50 年；法人组织或者非法人组织的作品，以及电影作品和以类似摄制电影方法创作的作品、摄影作品（《著作权法》第三次修订稿将其合并为视听作品），其保护期为作品首次发表后第 50 年的 12 月 31 日。

对作品的权利做出这样的限制，其社会意义在于，作品创作出来以后，在较长的时间内已经享有的财产权，过了这个保护期，不会对作者的生活发生影响，而作品在保留作者人格权的前提下进入了公有领域，将会更好地惠及社会和公众。

而随着技术的快速发展，创作者的群体极大，作品是海量的，而且绝大多数作品的权利人其创作目的，更多的是精神方面的诉求。也要看到，这其中大多数作品没有稳定的市场需求，达不到获取财产权的条件。因此，对于这部分作品而言，财产权只是一句空话，特别是这些作品的创作者，自身并没有要求必须同时保证作品的人格权和财产权。大多数作品的权利人希望的是，在作品人格权得到保证的前提下，实现广泛传播。但是从现行的《著作权法》来看，即使作者没有财产权的诉求，法律仍前置性地假定他们的作品在被使用与传播时是有财产权的诉求的，没有留出一个接口。

可否在基于自愿的前提下，把作品分成两种类型：一种是需要得到许可，并且支付报酬的；一种是不需要得到许可，不需要支付报酬，保留著作人格权，鼓励广泛传播。建议在《著作权法》中予以明确，这样做的好处，首先是符合权利人的诉求；其次是有利于广泛传播；再次是可以减少纠纷、诉讼，降低社会成本。

对于放弃财产权而保留人格权的作品，权利人仍然可以选择放弃哪一种财产权，比如说保留复制权而放弃信息网络传播权等。也可以由作者自主决定，在一定时期内放弃权利，过了一定时期收回权利。对于很多刚刚从事创作的人而言，由于其放弃了财产权，作品将更容易、更便捷地进入使用领域，将会得到更多受众的关注；对于作品的使用者而言，由于作者放弃了财产权，其使用的成本更低，在同等条件下其更愿意首先选择使用这类作品。

在各个国家现行的著作权法律制度中，都没有这种条款。但是如果著作权立法精神符合实际情况，而且又能够满足权利人和使用者双方意愿，我们修法为何要囿于国际与国内的法律条文呢？法律是为现实服务的，技术发展和现实需要，会推动法律制度的突破，这是社会进步之必然。《著作权法》一直处于不断突破之中。比如，在摄影技术产生之前，就没有摄影作品这个概念，在互联网产生之前，就没有信息网络传播权。社会需求与数字技术发展催生了这些权利，今后也必然会催生其他的权利。既然如此，我们在满足作者和使用者意愿的前提下，鼓励更多的作品进入公有领域，这必将是《著作权法》的一次重大变革，也是一次重大进步。

四、作品登记

我国现行的《著作权法》与相关法规，除计算机软件作品外，没有涉及作品登记的。为了适应形势发展的需要，国家版权局以部门规章的方式，对作品登记机构和作品登记属性与办法做出规定。现行的作品登记机构包括中国版权保护中心和各省、自治区、直辖市版权管理部门；登记的属性是作品自愿登记；作品登记的费用，各地根据当地的情况，有的酌收作品登记的成本费，有的由当地财政支出费用，作为尊重知识、激励创作的政策措施。各地的做法虽然不太一样，但都基于对著作权的保护和对创作的激励。

然而目前的情况是，作品的种类过多、数量过大，而且作品登记又属于自愿性质，是否登记并不影响作品权利的实质行使，所以登记作品的数量在作品总数量中，只占很小的比例。即使在这个很小的比例中，登记作品的权重也很不够，一些有影响、有分量的优质版权作品，没有进入登记的范畴。

这个问题也是值得思考的。一是作品如果有价值，应当由权利人支付登记所必需的成本费用，而不宜由财政予以补贴；二是对登记的作品应给予更为充分的保护，当出现纠纷且协调不了必须打官司时，作品登记证书应当作为法院必要的证据，而不是可有可无。

（本文原载《中国新闻出版广电报》2020 年 7 月 2 日）

跋

说来惭愧，在新闻出版与版权部门工作了多年，这是我出版的第一本书，且仅是结集出版。

记得20世纪70年代末读大学的时候，那时的书很少，著书立说似乎是张岱年、冯友兰、宗白华、汤一介、黄枬森、楼宇烈等老先生们的事情，给我们授课的老师都很少写书，讲究的是"述而不作"。

现在出书已经是普通寻常的事儿了，但对我而言却很不一般。"述而不作"的观念，对我虽有一些影响，但主要还是"懒惰"。这本结集的小书出还是不出，也纠结了很久。

大约在六、七年前，时任人民出版社副总编辑的乔还田老师，见到我的一些文章，提出编辑出版，还对选入的文章作了初步的筛选。乔还田老师是学者型的大编辑，范文澜先生和蔡美彪先生所著的《中国通史》（十卷本），他就是这部十卷本巨著的主持者、责任编辑之一。对我这本结集而成的小册子，他还花了不少时间，进行初步的梳理，对我真是抬爱。

此后，时任中国人民大学校长助理、中国人民大学出版社社长贺耀敏（现任人民大学副校长），又专门安排人民大学出版社负责知识产权书稿的编辑王宏霞与我联系，她不仅审读了此稿，还对书稿提出了编辑意见。当时，我还在国家版权局专职副局长岗位，就这样又拖了下来。

不料，去年冬天，乔还田老师又找到我，开门见山地说："老阎，你这本书一定要出，出版社我都替你找好了，知识产权出版社，这和你的版权也直接相关，你不能再推了。"这令我感动，因为此时，我已退下来三年了。

同时也考虑，我任国家版权局专职副局长这十几年间，正是国家知识产权特别是版权发生重大变化的历史阶段。我所在的岗位和我自己的思考，对客观了解这一历史阶段的版权发展，有一点参考意义。

还须说明，我的两任秘书赵杰和吴庆云，对书稿中选用的部分文章，在整理、修改、润色等方面亦有帮助。

赵杰同志是西南政法大学知识产权专业的硕士，在我任职之初，是我在著作权法律知识方面的入门老师，在与他长达九年的工作中，我思考的问题也常与他进行讨论交流，受益匪浅。吴庆云同志是北京大学计算机专业的硕士，他对网络和新技术领域版权问题的看法专业且敏锐，善于从实践中观察问题、思考问题，对我多有启发。

本书稿的出版，要特别感谢知识产权出版社副总编辑王润贵、责任编辑薛迎春两位老师，他（她）们不仅确定了本书的出版安排，提出了本书的编辑思路与设计，并对书稿进行了细致的编辑加工，其对出版的严谨执着，编辑的素养与专修，令我深为钦佩。

阎晓宏

2020 年 11 月 30 日